콘텐츠로도 먹고 삽니다

불확실성의 시대, 좋아하는 일을 하며
가능성을 만들어나가는 삶

나를 지키며 하고 싶은 일을, 하고 싶을 때 하며 살아가기
어딘가에 속해있지 않기에 비로소 자유롭고 나다울 수 있다.

프롤로그 10

part1. 만들다 :
콘텐츠 크리에이터(유튜버, 인플루언서), 1인 출판사 대표

누구와도 일할 수 있는 자유, 누구와도 일하지 않을 자유	18
우리는 모두 자신만의 콘텐츠를 가지고 있다	24
여행도 일, 일도 여행	28
손수 만드는 생활	32
화요일 오후 비행기를 타고 금요일 점심 비행기로 돌아오기	36
첫 책 분투기: 1인 출판	42
유튜브의 속도, 책의 속도	46
노마드 라이프, 휴대폰과 노트북만 있으면 어디서든 일할 수 있지	52
이야기는 멈추지 않는다	58
나만의 숨 쉴 틈 만들기	62
작은 출판사의 세계일주	68
조금씩, 실패가 내 편이 되어간다	74
읽는 맛, 듣는 맛1	78
읽는 맛, 듣는 맛2	84
쉼도 나의 일입니다	88

part2. 쓰다 :

작가

당신도 글을 쓸 수 있어요.	**96**
어떤 글을 써야 할까?	**100**
일단, 쓰고 보자	**104**
별일 아니야, 괜찮아 (나를 돌보며 일하기)	**108**
서점에서의 마음, 도서관에서의 마음	**114**
캐러멀라이징의 시간	**118**
오늘의 예쁜 단어	**122**
아무것도 하지 않는 탕진의 날	**126**
마음이 어지럽고 소란할 땐, 몸을 움직이자	**132**
마감전야	**136**
도망치는 곳에 천국은 없다	**138**
다정함은 나에게서 너에게로	**142**
작은 책, 큰 꿈	**146**
첫 발자국이 길이 될지도 몰라서	**148**

part3. 말하다 :

강연가

배낭 하나 메고 강연 여행	**156**
좋아하는 일을 나답게 전한다면	**162**
자연 학교, 캠핑 선생님	**168**
엄마, 저도 꿈이 생겼어요!	**174**
라디오 가가	**178**
좋아하는 마음은, 힘이 세다	**186**
도서관, 작은 씨앗이 자라는 곳	**190**
제 목소리 잘 들리시나요? (팬데믹 시대의 강의)	**196**
문을 두드리는 용기	**200**
말일의 무게	**204**
느슨하지만 길게 이어진 끈	**208**
에필로그	**212**

프롤로그

나는 생활모험가라는 이름으로 캠핑 & 여행 콘텐츠 크리에이터로 활동하고 있다. 평일 대부분의 시간은 혼자 일하고, 주말이 되면 회사를 다니고 있는 남편과 함께 캠핑이나 여행을 떠나 콘텐츠를 만든다. 유튜브, 인스타그램, 네이버 블로그 등의 SNS 활동, 책 집필과 출판, 강의 등 다양한 콘텐츠 활동을 하며 그야말로 콘텐츠의 바다 속을 매일 유영하고 있다. 지금은 혼자 일하고 있지만, 처음부터 그랬던 것은 아니다. 나 역시 몇 년간 평범한 회사생활을 하다가 우연한 기회에 첫 책을 출간하면서 작가라는 또 다른 삶을 시작하게 되었다.

첫 책은 회사를 다니며 썼다. 출근길, 퇴근길 이동 중에, 그리고 하루를 마친 밤, 졸린 눈을 비비며 시간을 쪼개 원고를 써내려갔다. 회사 일과 병행하느라 피곤하고 지칠 때도 많았지만, 그 모든 시간을 견디게 해준 건 '무언가를 만든다.'는 즐거움이었다. 페이지가 하나둘 늘어나고, 두툼한 원고가 쌓여갈 때마다 내 안에도 묘한 성취감이 차곡차곡 쌓여갔다. 무엇보다도, '나만의 것'을 만든다는 사실 하나만으로도 숨통이 트였다. 그래서 힘들어도, 버틸 수 있었다.

그렇게 첫 책을 내고 나니, 세상에 하고 싶은 이야기, 들려주고 싶은 이야기가 점점 더 많아졌다. 책에서 시작된 여정은 유튜브, 인스타그램, 블로그 같은 SNS를 통해 크리에이터이자 인플루언서로, 또 그동안의 경험과 지식을 나누는 강연가로 이어졌고, 다양한 매체에 글을 쓰는 작가로,

그리고 마침내 책을 만드는 출판사 대표로 확장되었다. 이렇게 하나둘씩, 알을 깨고 나와 세상과 마주하며 조금씩 나만의 세계를 넓혀갔다. 그 과정 속에서 내 안에서 이야기를 끌어내는 법을, 그리고 나 자신이 가진 콘텐츠를 발견하는 법을 천천히 배우고 익혀나갔다.

회사에 다니던 시절엔 상상조차 하지 못했던 일들을 하며 새로운 일과 사람을 만나고, 새로운 세상에 한 발씩 발을 들이게 되었다. 계획에 없던 제안들이 손짓하며 모험으로 이끌었고, 예전엔 두려웠던 변화가 이제는 설레는 초대처럼 느껴졌다.
바뀐 걸까? 아니, 원래 그랬던 나를 이제야 마주하게 된 것이다. 혼자 일하며 나 자신을 더 깊이 들여다보게 되었고, 무엇보다 중요한 건 '나를 돌보며 일하는 것'임을 깨닫게 되었다. 작은 기회 하나, 소중한 인연 하나에도 감사했고, 다정한 마음들은 오래도록 내 곁에 머물렀다. 그러다 보니 자연스럽게 일의 능률도 오르고, 다양한 콘텐츠를 만드는 모험에도 더 깊이, 더 자유롭게 뛰어들 수 있었다.

작가, 출판사 대표, 유튜버, 인플루언서, 크리에이터, 강연가. 서로 다른 이름으로 불렸지만, 언제나 그 중심엔 '콘텐츠'라는 교집합이 있었다. 이 책에는 그동안 차곡차곡 쌓아온 다채로운 모험의 순간들이 담겨 있다.

불확실한 시대, 자기만의 길을 만들고 싶은 이들에게 이 이야기들이 작은 방향이 되어주길 바란다.

어쩌면 이 책은, 나의 여정이자 동시에 당신의 이야기가 시작되는 작은 불씨가 될지도 모른다. 지금 이 페이지를 넘긴 그 순간부터 말이다.

"나는 폭풍을 두려워하지 않는다. 나의 배를 조종하는 법을 배우고 있으니까."

(I am not afraid of storms, for I am learning how to sail my ship.)

- 루이자 메이 올컷 (Louisa May Alcott)

part. 1

만
들
다

: 콘텐츠 크리에이터(유튜버, 인플루언서), 1인 출판사 대표

폭풍이 두렵지 않은 이유는, 내 배를 스스로 몰기 시작했기 때문이다.
넘어지고, 흔들리면서도 점점 더 나 자신을 믿게 된다.

누구와도 일할 수 있는 자유,
누구와도 일하지 않을 자유

"자유, 자유를 사고 내 시간을 사요. 그게 가장 비싼 거죠. 인세 덕에 돈을 벌 필요는 없게 됐으니 자유를 얻게 됐고, 그래서 글 쓰는 것만 할 수 있게 됐죠. 내겐 자유가 가장 중요해요."

- 무라카미 하루키, 『지큐 코리아』 December, 2008 인터뷰 중에서

무라카미 하루키는 『지큐 코리아』와의 인터뷰에서 자유에 대해 이렇게 말했다. 많은 인세를 얻었지만 돈에 큰 욕심은 없고, 마음껏 시간을 쓸 수 있는 자유가 가장 중요하다고.

퇴사 후 내가 가장 크게 얻은 것도 바로 '자유'였다. 내가 좋아하고, 잘할 수 있는 일을, 하고 싶을 때, 하고 싶은 만큼 할 수 있는 자유. 1인 기업으로 살아간다는 것은 시간을 오롯이 내 뜻대로 계획하고, 내 마음으로 채워나갈 수 있다는 뜻이기도 하다. 그 사실이 무엇보다도 감사하다. 그래서 하루키의 말에 깊이 공감할 수 있었다. 스스로 시간의 주체가 되어 내가 원하는 일들을 즐겁게 해나가는 삶. 예전엔 미처 몰랐던 자유와 시간의 가치를, 이제야 조금씩 알아가고 있다.

혼자 일한다는 건 매우 자유롭지만, 동시에 때론 외로운 일들의 연속이기도 하다. 그래서 가끔씩은 조직에 있을 때, 마음 맞는 동료들과 함께 일하던 시간이 그리워질 때도 있다. 무언가를 결정해야 할 때, 객관적인 조언이 필요할 때, 함께 힘을 모아야 할 일이 생겼을 때, 노를 젓던 손끝

에 힘이 빠지다가도 문득, '이 작은 조각배엔 나만 타고 있구나' 싶은 마음에 다시 손에 힘을 주게 될 때, 결국 나를 일으키는 건 나일 때, 믿을 수 있는 것도 오직 나 하나뿐일 때. 뚜벅뚜벅 씩씩하게 걸어가다가도 그런 순간은 어김없이 찾아온다. 어쩔 수 없다. 매번 순풍을 탈 수만은 없는 법이니까. 예전엔 그런 고독 속에 조용히 빠져들어 한동안 헤어 나오지 못한 적도 있었다. 하지만 이제는, 그 고독과 친구가 되어 함께 걸어 나갈 여유가 생겼다.

반면, 마음이 맞지 않는 동료와 일하지 않아도 된다는 자유도 있다. 매번 프로젝트마다 동료는 달라지고, 설령 조금 맞지 않더라도 '이번 일만 잘 끝내면 되지' 하고 넘길 수 있다. 모든 일이 내 뜻대로 흘러가진 않기에, 조금 삐걱이더라도 함께 방향을 맞추고, 결과물을 완성해내는 것. 그렇게 어쨌든 되는 쪽으로 나아가면 된다. 그것도 어른의 일하는 방식이니까.

이렇게 다양한 일을 하다 보면, 때때로 다음에도 꼭 다시 함께하고 싶을 만큼 손발이 척척 맞는 사람들을 만나게 되기도 한다. 그럴 땐 마치 순풍을 탄 듯 모든 일이 놀라울 만큼 매끄럽게 흘러간다. 속도가 붙고 피로감보다 즐거움이 앞선다. 감사하게도, 그렇게 마음이 잘 맞았던 담당자들은 회사를 옮기고 나서도 종종 연락을 주고, 새로운 일들로 다시 손을 맞잡기도 한다. 작은 인연이 좋은 인연으로 이어지는 순간들. 그럴 때면 혼자 일하는 삶이 조금 더 따뜻해진다.

1인 기업은 혼자이지만, 혼자만의 힘으로 일하는 것은 아니다. 어떤 일이든 진짜로 혼자서만 해낼 수 있는 일은 없다. 내 몫은 최선을 다해 해내되, 도움이 필요한 부분은 또 다른 전문가의 손길을 더해 비로소 하나의 결과물이 완성된다. 마치 이어달리기를 하듯이, 내 차례가 오면 있는 힘껏 뛰어 다음 주자에게 바통을 넘기는 것처럼.

책 한 권이 나오기까지의 과정을 예로 들어보자. 기획과 원고는 내가 담당하고, 디자인은 디자이너에게, 인쇄는 제작실장님께 맡긴다. 이렇게 편집, 디자인, 제작 등 서로 다른 이들의 손을 거쳐 하나의 책이 무사히 세상에 나오게 된다. 실제로 책을 만들 때, 편집부터 디자인, 제작에 이르기까지 많은 작업이 외주로 진행된다. 혼자서 감당할 수 없기 때문이다. 디자인의 경우, 지금껏 매번 다른 동료들과 함께 작업해왔다. 이미 손발을 맞춰본 디자이너도 좋지만, 분야에 따라 새로운 시도를 해보고 싶은 마음이 컸다. 편집자 출신이 아니다 보니 모든 디자이너와의 작업이 언제나 '첫 작업'처럼 느껴진다.

일단 두드려보자, 그런 마음이 열의 아홉이었다. 현실적으로는 일정이 맞지 않을 때도 있고, 그동안 눈여겨봤던 사람과 함께해보고 싶은 호기심과 모험심이 발동하기 때문이기도 하다. 아직은 다양한 시도를 해볼 수 있는 시기. 그래서 가능하고, 그래서 더욱 즐겁다.

매번 새로운 동료들과 일한다는 것은 서로의 스타일을 맞춰가고, 의견을 조율해나가는 시간을 필요로 한다. 결코 쉬운 일만은 아니다. 하지만 그 속에는 분명 장점도 있다. 각자의 개성에 맞춰 신선한 시도를 해볼 수 있고, 객관적인 시선을 잃지 않는 데에도 도움이 된다.

물론 가장 편하고 이상적인 건 오랫동안 손발을 맞춰온 익숙한 동료와 함께하는 일이다. 하지만 혼자 일하는 1인 기업이라면 어떤 상황에서도 유연하게 적응할 수 있어야 한다. 그래서 나는 늘 긍정적인 마음으로 새로운 동료들과의 작업을 마주하려 한다.

이렇게 매번 바뀌는 구성원들과 프로젝트 단위로 함께 일하다 보면, 일 외의 다른 관계로 이어지는 경우는 드물다. 그저 깔끔하게 일만 함께 하고 각자의 자리로 돌아가는 것. 혼자 일하는 것이 편한 사람들에게는 오히려 잘 맞는 방식일 수도 있고, 효율적인 면에서도 나쁘지 않다. 하지만 관계를 중요하게 여기는 사람이라면 어쩌면 조금 건조하게 느껴질 수도 있을 것이다. 확실히 회사를 다닐 때는 어디서든 '공공의 적'이라는 게 있었다. 그래서 고생도 함께 나누고, 분노도 함께 쏟아내며 '우리라도 끈끈하자!'는 위안 속에 서로의 감정을 달랬던 것 같다. 누가 옳고 그른지는 중요하지 않았다. 그저 그때의 마음을 함께 나누는 것, 그게 큰 위로였다.

지금은 다르다. 혼자인 만큼 분노도 스스로 삭이고, 기쁨도 적당히 누그러뜨리게 된다. 감정을 표출하고 공유할 동료가 없기 때문에. 모든 감정을 오롯이 내가 책임져야 하기 때문에. 그렇지만 이게 꼭 나쁜 것만은 아니다. 기쁜 일이 생기면 그 순간, 바로 셔터를 내리고 하루를 마무리할 수도 있는 것. 그 자유야말로, 1인 기업의 작고 확실한 특권이다.

좋아하는 일을 할 자유, 내 시간의 주인으로서 살아갈 자유, 누구와도 일할 수 있는 자유, 그리고 누구와도 일하지 않을 자유. 오늘도 나는 자유라는 물결 속을 넘실넘실 유영한다. 누군가의 파도에 휩쓸리지 않기 위해, 시간이라는 나만의 파도를 타기 위해.

우리는 모두 자신만의 콘텐츠를 가지고 있다

'나도 유튜브 한번 해볼까?'

한동안 직장인들 사이에서 유행처럼 번졌던 말이다. 그만큼 유튜버는 더 이상 특별한 사람이 아니고, 유튜브는 누구나 한 번쯤 도전해볼 수 있는 대중적인 SNS 채널로 자리 잡았다. 꼭 수익을 목표로 하지 않더라도, 콘텐츠의 다양성이라는 측면에서 보면 참 반가운 흐름이다.

나 역시 유튜브, 인스타그램, 네이버 블로그 같은 SNS와 책 출간 등 다양한 콘텐츠 활동을 하다 보니, 일상과 비일상의 거의 모든 장면들이 콘텐츠로 보이기 시작했다. 그러다 보니 사람마다 저마다의 콘텐츠가 보이기 시작했고, 동시에 그걸 꼭 한번 꽃피워냈으면 좋겠다는 생각이 들곤 했다. 모두 각자만의 장점이 있고, 누구나 하나쯤은 자신만의 특기를 갖고 있으니까. 그래서 한동안 사람들을 만나면 '유튜브 한 번 해보세요.' 라고 자연스럽게 권하곤 했다.

유튜브가 부담스럽다면, 인스타그램이나 블로그도 좋다. SNS마다 고유의 색깔이 있으니 자신에게 잘 맞는 채널을 선택해 나만의 콘텐츠를 만들어보는 건 그 자체로 즐겁고 충분히 의미 있는 일이다. 이렇게 콘텐츠를 만든다고 해서 꼭 유튜버가 되거나, 작가가 되거나, 인플루언서가 되어야만 하는 건 아니다. 그보다도, 반복되는 무채색의 일상에 잠시나마 알록달록한 풍경을 입힐 수 있다면 그것만으로도 충분하다.

누구나 자기만의 콘텐츠를 갖고 있고, 세상에는 그걸 펼칠 수 있는 창구도 생각보다 많이 열려 있다. 대단한 작품을 만들어야 하는 것도 아니고, 억지로 숙제처럼 해야 할 필요도 없다. 내가 가진 무언가를 발견하고, 천천히 갈고 닦고, 소중하게 가꿔나가는 것. 스스로 만족하고, 뿌듯하다면 그것만으로도 충분한 '자아실현'이다. 자신이 좋아하는 것을 알고, 비록 잘하지 않더라도 그걸 꾸준히 이어간다는 것. 그것만으로도 인생에서 큰 기쁨 하나를 이미 얻은 셈이다.

글을 쓰는 것을 넘어 책을 만드는 일을 하게 된 건 참 잘한 선택이었다고 느낄 때가 있다. 출판사를 운영하면서부터는 세상의 모든 것들이 콘텐츠로, 이야깃거리로 보이기 시작했다. '아는 만큼 보인다'는 말처럼, 작은 이야기부터 하나하나 그러모아 직접 책으로 엮어본 경험이 있으니, 이제는 어떤 것에서든 이야기와 책의 가능성으로 발견하게 된다. 그래서 더는 어떤 말도, 어떤 장면도 허투루 들리지 않고, 허투루 보이지 않는다. 그야말로 세상을 바라보는 시선이 달라졌다. 눈을 동그랗게 뜨고, 주변을 두리번거리며 귀를 쫑긋 세우고 이야기를 듣게 된다. 그렇게 바라본 세상은 예전처럼 무채색이 아니었다. 무심했던 풍경 속에도 색이 스며 있었고, 무미건조해 보이던 사람들 속에서도 분명한 생기가 느껴졌다. 모두가 하나쯤은 자기만의 이야기를 품고 있다는 사실. 그 이야기에, 그 콘텐츠에 자연스레 관심이 가기 시작했다. 모든 것이 콘텐츠가 될 수 있다는 믿음, 책 한 권으로도 충분히 담아낼 수 있다는 자신감이 조용히, 그러나 단단하게 내 안에 자리 잡았다. 출판사를 시작하고, 한두 권씩 책을 내기 시작하면서 사락사락 내리는 가랑비에 옷 젖듯, 우리 책에 공감해주는 독자들을 만나게 된다. 그럴 때마다 '이 일을 하길 참 잘했어.' 하고 마음 깊은 곳에서 뭉클함이 밀려온다. 내가 하고 싶었던 이야기, 책 속에 담아 조심스레 건넸던 마음을 정확히 알아봐주는 독자들의 이야기를 들을 때면, 가슴 속 어딘가에서 무언가가 조용히 꿈틀대는 걸 느낀다. 내 안에서 작은 무언가가 움트고, 조금씩 자라나는 기분.

글을 쓰고, 영상을 찍고, 책을 만들고, 강의를 하고. 이 모든 콘텐츠를 만드는 일은, 결국 씨앗을 뿌리는 일이었다. 그 씨앗들이 모두 싹을 틔울 수 있을지는 알 수 없다. 하지만 어딘가에 뿌려진 씨앗이 좋은 토양을 만나 뿌리를 내리고, 언젠가 열매를 맺게 된다면 얼마나 좋을까. 그게 단 한 그루의 나무일지라도, 단 하나의 열매일지라도. 그것만으로도, 참 행복할 것 같다.

'이런 것도 이야기가 될까?' 글을 아무리 많이 써도 늘 첫 문장을 쓰는 일은 어렵다. 새로운 이야기 앞에서는 느낌표보다 물음표가 더 많이 떠오른다. 하지만 어딘가에서 뿌리를 내릴지도 모를, 누군가에게는 꼭 필요한 이야기일지도 모를 그 가능성을 믿으며. 오늘도 나는 미지의 땅을 향해 콘텐츠라는 씨앗을 조용히 뿌려본다.

여행도 일, 일도 여행

'여행하면서 일도 하니까 정말 좋으시겠어요!'

오랜 시간 캠핑과 여행을 기록해온 크리에이터로서 참 많이 들어온 말이다. 생각해보면, 일과 여행의 경계가 모호해진 지도 꽤 오래되었다. 아마 여행을 업으로 삼고 있는 크리에이터라면 모두 공감할 것이다. 멋진 장면을 마주했을 때, 눈보다 카메라 렌즈로 먼저 시선을 향하게 되는 것. 어느새 자동처럼 작동하는 이 습관은 때때로 나 자신에게 묻게 만든다. 이건 여행을 하는 걸까, 일을 하는 걸까. 그래서 어떤 크리에이터들은 아예 '여행이 아니라, 그냥 일하러 가는 거예요.'라고 말하며 여행을 '일'로만 규정해버리기도 한다.

하지만 우리에게 여행은 일을 하기 위해서만 떠나는 것도 아니고, 그렇다고 단순히 즐기기 위해서만 가는 것도 아니다. 여행하듯 일하고, 일하듯 여행하며 그 둘의 경계를 굳이 나누려 하지 않는다. 일하러만 간다고 생각하면 여행은 금세 고행이 되어버리고, 그저 쉬러만 간다고 하기에는 늘 일의 무게가 따라오기 때문이다. 억지로 분리하려 하면 어느 것도 온전히 완성되지 않는다. 그래서 그냥 받아들이기로 했다. 여행하며 틈틈이 일하고, 일하며 틈틈이 여행하는 것으로 말이다. 재밌게도, 그 틈새의 시간들이 가장 달콤하다. 뭔가를 다 해낸 뒤의 보상처럼, 아주 작지만 오래 남는 여운처럼. 꿀처럼 진하고, 조용히 마음을 감싸는 시간이다.

이렇게 되기까지 우리도 많은 시행착오를 겪었다. 특히 캠핑의 경우에는 단순히 일로만 하기에는 엄청난 수고로움이 뒤따른다. 좋아서 하지 않으면 절대 계속할 수 없는 일들, 정말이지 '노동'에 가까운 순간들이 많기 때문이다. 텐트, 침낭, 의자, 테이블, 조리도구 등 다양한 짐을 꾸리는 일부터 시작해 텐트를 치고, 그 안을 정리하고, 밥을 짓고, 불을 피우는 등 사소하지만 끊임없는 일과들이 이어진다. 처음부터 끝까지 쉴 틈이 없다.

그렇기에 좋아하는 마음이 바탕에 깔려 있지 않으면 캠핑을 일로만 하기는 어렵다. 힘들다고 생각하면 끝없이 이어지는 고된 노동이지만, 그 안에 좋아하는 마음이 더해지면 이 모든 과정은 오히려 휴식이 되고 치유가 된다. 사부작사부작 계속 무언가를 하며 손과 몸을 움직이는 동안, 머릿속은 잠시 고요해지고, 복잡했던 일상에서 멀어져 자연의 일부가 되어간다.

많은 떠남과 돌아옴을 거친 이제는, 안다. 호감의 불씨가 희미해질 만큼 지치고 힘들 땐, 과감히 내려놓아야 한다는 걸. 일도, 캠핑도, 여행도 잠시 멈춤. 그래야 다시 좋아하게 되고, 이 마음을 부지런히 이어 나갈 수 있다. 이렇게 멈추는 법을 알게 되면, 비로소 오래 걸을 수 있다는 것도 알게 된다. 천천히, 오래오래 좋아하는 일을 계속하기 위해서.

억지로 분리하려 하면 어느 것도 온전히 완성되지 않는다.

그래서 그냥 받아들이기로 했다.

여행하며 틈틈이 일하고, 일하며 틈틈이 여행하는 것으로 말이다.

재밌게도, 그 틈새의 시간들이 가장 달콤하다.

손수 만드는 생활

아침의 첫 일과는 어젯밤 만들어둔 요구르트를 확인하는 일이다. 적당한 온도로 잘 발효되었을까? 두근거리는 마음으로 뚜껑을 열었을 때, 몽글몽글 잘 익은 요구르트가 모습을 드러내면 그 순간이 그렇게 반가울 수 없다. '어젯밤부터 오늘 아침까지, 내가 곤히 잠들어 있는 동안 넌 이렇게 멋진 결과물을 만들어냈구나.' 참으로 기특하고, 기다림 끝에 만나는 작은 성취다. 단것을 그리 좋아하지 않는 내게 손수 만든 요구르트는 아침식사로 딱 좋다. 간편하면서도, 내 입맛에 꼭 맞는다.

요구르트와 더불어 자주 만들어두는 메뉴가 하나 더 있다. 바로 당근 라페다. 프랑스어로 '채 썰다', '강판에 갈다'라는 뜻의 라페(râpées)는 잘게 채 썬 당근을 소금에 절여 만든 샐러드다. 그냥 먹어도 좋고, 식빵 위에 올려 샌드위치로 먹거나, 채소 샐러드 위에 토핑처럼 곁들여도 좋다. 활용도가 높아 피클처럼 만들어 두고두고 먹기 좋다. 그래서 한 달에 한두 번은 꼭 만들어둔다. 주로 당근을 사용해 만드는데, 평소 잘 먹지 않았던 당근을 잘 먹게 해주는 고마운 메뉴이기도 하다. 만들기는 정말 쉽다. 당근을 먹기 좋은 크기로 채 썰어 소금에 살짝 절여 둔 뒤, 올리브유, 꿀, 홀그레인 머스터드, 레몬즙이나 화이트 발사믹 식초 등을 넣어 무치면 끝이다.

무엇보다 좋은 점은, 라페를 만드는 동안에는 잡생각이 사라지고 오롯이 그 순간에만 집중할 수 있다는 것이다. 복잡한 계산도, 다음 단계를 고민할 필요도 없다. 정해진 순서대로 착착 따라가다 보면 어느새 싱싱한 주

황빛 당근 라페가 눈앞에 완성되어 있다.

그래서 잡념이 많을 때, 일의 우선순위를 정하기 어려울 때, 책상 앞에 앉아도 도무지 다음 문장으로 나아가지 못할 때, 여하튼 머릿속이 복잡하고 집중하기 어려운 날엔 라페를 만든다. 그러고 나면 흐려졌던 머릿속도 조금은 맑아지고, 무엇보다 무언가가 '완성되었다'는 작은 성취감이 따라온다. 제법 생산적인 일이다.

사실 직장생활을 하던 시절에는 이렇게 단순한 일조차 마음 놓고 할 여유가 없었다. 요리라는 건 단순히 '만드는 것'만으로 끝나지 않기에. 무엇을 먹을지 고민하고, 장을 보고, 재료를 손질하고, 요리하고, 또 치우는 것까지. 하나부터 열까지, 꽤 많은 수고가 따른다. 퇴근 후 지친 몸을 이끌고 그 모든 과정을 감당하고 나면, 쉴 틈은커녕 피로만 더 깊어졌다.

그래서일까. 시간과 에너지를 들여 직접 만드는 것보단 그저 사 먹는 게 더 나았던 날들이 많았다. 그랬기에 지금처럼 신선한 제철 채소와 과일을 직접 맛보고, 계절마다 싱싱한 재료로 간단한 요리를 해먹는 이 시간이 참 새삼스럽고, 소중하게 느껴진다.

그리고 문득, 요리를 하다 보면 콘텐츠를 만드는 과정과 참 많이 닮아 있다는 생각이 든다. 콘텐츠의 소재를 찾고, 기획하고, 촬영을 하거나 글을 쓰고, 편집하고, 디자인하고, 그 모든 과정을 차근히 밟아가며 하나의 완성된 결과물을 만들어내는 일. 글을 쓰고, 책을 만들고, 영상을 찍고, 강의를 하고, 요구르트를 발효시키고, 당근 라페를 무심히 무쳐내는 일까지도. 이 모든 건, 콘텐츠에 대한 애정과 정성이 깃든 내 삶의 작은 '표현'들이다.

이렇게 손수 만들어가는 생활이 조금씩 익숙해지고 있다. 그렇다고 매번 잘되는 건 아니다. 어떤 날은 제법 잘해낸 것 같다가도, 또 어떤 날은 전혀 예상치 못한 부분에서 실수하기도 한다. 워낙 익숙하게 해오다 보니 오히려 신경 쓰지 못하고 놓치는 부분이 생기곤 한다. 그럴 때면 익숙함이 건네는 따끔한 꿀밤을 한 대 '따콩' 맞은 기분이 든다.

그럴 때도, 이럴 때도 있는 법이다. 그냥 받아들이고 함께 흘러가는 것. '내일은 조금 더 잘해보자', '다음엔 더 신경 써보자' 하고 스스로를 다그치기보단 다독이며 넘긴다. 그러다 보면 아주 가끔, 실수한 자리에 유레카가 피어날 때도 있다. 전혀 기대하지 않았던 틈에서 오히려 새로운 발견이 나올 때도 있으니 말이다. 어쩌면 그렇게 소소한 실패와 발견이 차곡차곡 쌓이며, 삶은 조금씩 성장하고 더 깊어지는 게 아닐까 싶다.

조금 느리고, 때론 어설플 수 있지만 그래도 오롯이 내 것이다. 한 글자 한 글자 써 내려가며 지우고, 다시 쓰고, 글을 짓고 책을 만드는 생활. 요리를 하고, 발효하고, 무치고 다듬는 시간들. 그렇게 손수 만들어가는 일상이 지금의 나에게 잘 맞는다. 세상에 단 하나뿐인 것을 만든다는 일. 빠르진 않아도 괜찮다. 오래오래, 천천히, 계속해나가고 싶다.

화요일 오후 비행기를 타고
금요일 점심 비행기로 돌아오기

무릇 회사원들의 휴가란, 토요일부터 시작해 그다음 주 일요일까지 꽉꽉 채워 다녀오는 일정이 대부분이다. 최대한 앞뒤 주말까지 붙여 하루라도 더 길게 머물다 오는 것. 평소엔 길게 쉴 수 없기에, 이렇게 겨우겨우 확보한 긴 휴가를 떠날 때면 하루하루가 아쉽고 꿀맛 같았다.

가진 건 시간뿐이었던 대학생 때는 비행기를 타고 멀리 떠날 돈이 없었고, 어느 정도 돈을 벌기 시작하면서부터는 시간을 내기가 정말이지 어려웠다. 주말을 붙여 하루라도 연차를 쓰려면 눈치가 보였고, 피치 못할 일이 아니고서는 명절이나 주말 앞뒤로 연차를 쓴다는 건 거의 불가능했다. 그랬기에 당당하게(!) 길게 쉴 수 있는 여름휴가는 그야말로 고대하고 또 고대할 수밖에 없었다. 하루가 아쉽고, 시간이 아까워 매번 토요일 출발, 그다음 주 일요일까지 꽉 채워 돌아오는 일정을 잡았다. 그 시간대는 많은 직장인들이 선호하는 일정이다 보니 비행기 티켓 가격도 높았지만, 어쩔 수 없이 '울며 겨자 먹기'로 선택하게 되곤 했다. 문제는 귀국 이후다. 하루도 쉬지 못한 채 바로 출근해야 하는 일정. 결국 '쉬었지만 쉰 것 같지 않은' 피로만 가득한 휴가 시즌이 반복되곤 했다.

이렇게 늘 주말을 앞뒤로 낀 비싼 항공권을 결제하며 가졌던 그 시절의 소박한 소망이 있었다. 애매한 요일, 애매한 시간대에 여행을 다녀오는 것. 항공권 가격을 검색하다 보면 화요일이나 수요일처럼 주중에 붕 떠 있는 요일의 가격대가 비교적 저렴했다. 여기에 점심 이후 출발하는 비

선호 시간대까지 더해지면 가격은 더 내려간다. 그래서 항공권 최저가를 검색해 보면 화요일 오후 출국, 금요일 점심 귀국 같은 일정이 자주 보인다. 공항도 한산하고, 숙박비도 저렴하고, 왠지 조용한 여행이 될 것만 같았다. 하지만 직장인에게 이런 일정은 그저 상상 속에서만 가능한, 말 그대로 '그림의 떡'이었다. 하루하루가 아까운 휴가에서 이런 애매한 일정은 사치일 뿐이었다.

그러다 퇴사를 하고 1인 기업을 운영하게 되면서 상황이 달라졌다. 처음에는 정신없고 바빠 휴가를 쓸 틈도 없었지만, 어느 정도 자리를 잡고 나니 휴가도 내 일정에 맞춰 자유롭게 계획할 수 있게 되었다. 주로 큰 프로젝트를 마치고, 급한 일들을 정리한 후 마음이 한결 가벼워졌을 때 조용히 떠난다. 물론 평일이라고 해서 일을 완전히 내려놓을 수는 없다. 하지만 대부분의 일은 휴대폰으로도 충분히 처리할 수 있다. 책 주문이나 출고는 온라인 프로그램으로 가능하고, 다른 업무들도 메일이나 메시지로 소통하면 된다. 로밍만 잘 해두면 통화나 메신저도 무리 없다.

이젠 주말을 끼지 않아도 된다. 사람이 적고, 내가 움직이기 편한 시간에 언제든 조용히 떠나고, 조용히 돌아올 수 있다. 주로 가까운 곳으로 떠나기 때문에 쉽게 다녀올 수 있다는 장점도 있다. 사실 이런 여행이 주는 진짜 의미는 목적지에 있지 않다. 어디로 가는지가 중요한 게 아니라, 떠날 수 있다는 그 자체가 여행을 특별하게 만든다. '내 시간의 주인이 되어 어딘가에 얽매이지 않고, 눈치 보지 않고 자유롭게 떠날 수 있다'는 것. 그 가능성이 주는 해방감이 평일의 여행을 더욱 특별하게 만든다. 이런 애매한 평일의 여행은 단순한 일정 이상의 의미를 갖고 있는 것이다. 그건 잠깐의 일탈이 아니라, 내가 나의 시간을 선택할 수 있다는 삶의 태도이기도 하다.

물론 현실적으로 그렇게 자주 떠날 수 있는 건 아니다. 평일엔 업무 연락도 많고, 미팅도 잦다. 혼자 여러 역할을 해내야 하는 1인 기업의 하루는 몸이 열 개라도 부족할 정도다. 그렇기에 실제로 떠날 수 있는 시간은 생각보다 많지 않다. 그럼에도 중요한 건 '절대 떠날 수 없는 일정'이 아니라는 사실이다. 마음만 먹으면 떠날 수 있고 마음만 먹으면 언제든 계획하고 실행할 수 있다는 가능성. 그 '가능성'이 곧 나에게는 '자유'다.

그렇기에 나의 여행에는 거창한 준비도, 큰 결심도 필요 없다. 작고 소박한 마음만 있어도 충분히 훌쩍 떠날 수 있는 자유가 늘 깔려 있다. 그 자유는, 생각보다 더 큰 힘이 되어준다.

언젠가 마감에 시달리던 시기였다. 한참 원고에 파묻혀 있던 어느 날, 문득 '일단 끝나고 어디든 떠나자'는 마음이 들었고, 땡처리 항공권을 검색하다가 바로 다음 주 출발하는 아주 저렴한 티켓을 발견했다. 고민할 틈도 없이 결제 버튼을 눌렀다. 떠나기 위해서라도 마감을 끝내야 했고, 그게 오히려 가장 강력한 동력이 되어주었다. 어떻게든 그 고개를 넘었고, 나를 밀어붙이던 마감은 결국 그렇게 끝이 났다.

짐을 싸는 것도 급했다. 전날 밤, 적당히 짐을 꾸려 배낭 하나만 덜렁 메고 계획도 없이 훌쩍 떠났다. 정해진 일정도 없었고, 꼭 가야 할 장소도 없었다. 그저 낯선 거리를 걷고, 익숙하지 않은 공기를 마시고, 아무 데나 앉아 시간을 흘려보냈다. 이렇게 여백 가득한 무계획 여행이었지만, 생각보다 훨씬 괜찮았다. 예상하지 않았던 만큼 더 자유로웠고, 그래서 더 오래 기억에 남았다.

그래서일까. 오늘도 마감을 하며 항공권을 이리저리 검색해본다. 당장 떠날 수 있을지는 모르지만, 상상만으로도 조금은 견딜 수 있다. 화요일 오후 비행기를 타고 금요일 오후 비행기로 돌아오는 일정. 배낭 하나만 메고 계획 없이 낯선 골목을 걸으며 카페에 앉아 시간을 유영하는 나를 떠올려본다. 어쩌면, 그 상상 하나가 오늘의 숨통을 아주 조금 열어주는지도 모르겠다.

첫 책 분투기: 1인 출판

1인 출판사 소로소로를 차리고 첫 책을 만들기까지, 생각보다 많은 우여곡절이 있었다. 그 과정은 꽤나 치열했고, 동시에 즐거웠으며, 우당탕탕 분주했다. 그래서인지 그 시간을 떠올리면 '분투기'라는 말이 딱 어울린다.

사실 그동안 계속 출판사에서 근무해왔기에, 책을 직접 만든다는 일이 아주 낯설거나 어렵게 느껴지진 않았다. 물론 그렇다고 해서 가볍게 여겼던 것도 아니다. 다만 다른 업계에 비해 마음의 거리가 조금은 가까웠을 뿐이다. 출판사 직원으로 일할 때도 책과 가까이 지낸다고 생각했지만, 대표로서, 그리고 작가로서 참여해보니 확실히 전혀 다른 감정이 찾아왔다. 한 글자 한 글자, 수많은 텍스트를 써 내려갔다가 다시 지우기를 반복했고, 수천 장의 사진들 속에서 고르고 고른 장면들을 담아 애정을 쏟아 만들었다.

기획부터 집필, 편집, 디자인, 제작, 홍보와 마케팅까지. 모든 과정에 발을 담그고 직접 챙기며 책을 만드는 일은 말 그대로 '내가 낳은 책'을 품에 안는 일이었다. 그렇게 완성된 책을 손에 쥐었을 때의 느낌은 책이라는 거대한 바다 속으로 풍덩 뛰어든 듯한 기분이었다. 모든 것이 서툰 풋내기 출판사 대표를, 책은 너른 품으로 안아주었다. 그 기분은 묘하고 참 좋았다. 책과의 적극적인 조우 그 이후, 나를 둘러싼 세계가 조금씩 넓어지기 시작했다. 정말이지 오래도록 잊지 못할 감정이었다.

그동안 크고 작은 출판사에서 다양한 분야의 동료들과 협업해왔다. 특히 인턴으로 처음 입사했던 작은 출판사에서는 규모가 작았던 만큼 여러 직무를 두루 경험할 수 있었다. 대표님 역시 다양한 업무를 직접 해보며 나에게 맞는 일을 찾길 바라는 따뜻한 마음을 가진 분이었기에, 홍보, 마케팅, 교정·교열, 디자인, 저작권 업무 등 출판의 여러 일들을 전방위적으로 익힐 수 있었다. 그 외에도 어깨 너머로 동료들의 업무를 지켜보며 출판의 전체적인 프로세스를 자연스럽게 배울 수 있었다. 게다가 작가로 데뷔했던 첫 책은 또 다른 출판사와 함께 작업하며 '작가'라는 역할까지 경험해보게 됐다.

그래서였을까. 1인 출판사를 차리는 일은 마치 계절이 바뀌는 것처럼, 내게는 아주 자연스러운 흐름처럼 느껴졌다. 하지만 세상에 쉬운 일은 없었다. 출판사를 운영하고 첫 책을 만드는 그 여정에 다다르기까지는 넘어야 할 크고 작은 산들이 꽤 많았다. 사업자등록증을 내고, 사업자 통장을 만들고, 명함과 로고를 준비하는 것까지. 책을 만들기도 전에 준비해야 할 것들이 생각보다 많았다. 물론 이 모든 과정이 버겁기보다는 신기하고 즐거웠다. 하지만 동시에, 첫 경험만이 줄 수 있는 낯섦과 두려움, 설렘이 뒤섞인 조금은 생경한 감정에 가까웠다.

특히 사업자등록을 하러 가던 날의 설렘은 아직도 잊히지 않는다. 아침 저녁으로는 살짝 쌀쌀한 바람이 불었지만 한낮에는 여름의 잔상이 남아있던 초가을의 오후. 필요한 서류들을 배낭에 챙겨 넣고 구청으로 향하던 길, 평일 오후의 느슨한 공기가 나를 조용히 감싸 안았다. 문득 무언가를 시작하기에 딱 좋은 때라는 생각이 들었다. '지금이 바로, 좋은 때야.' 스스로 되뇌며 마음속으로 천천히 걸음을 뗐다.

사실 온라인으로 신청해도 되었지만, 실물 사업자등록증을 받아야 진짜 시작하는 기분이 들 것 같았다. 그래서 굳이 시간을 내어 직접 구청에 찾아갔다. 따끈따끈하게 발급된 사업자등록증. 행여 구겨질까 봐 미리 챙겨둔 클리어파일에 조심스레 넣고 돌아오는 길. 이제 진짜 시작이구나, 싶은 마음에 괜스레 울컥했다.

그 이후로 빠르진 않지만, 뚜벅뚜벅 걸어가고 있다. 속도보다 방향이 더 중요하다는 걸 잘 알기에, 방향만 잃지 않으면 괜찮다. 책이 나오는 속도가 조금 더디더라도 스스로를 너무 다그치지 않으려 한다. 뜻대로 되는 일보다 그렇지 않은 일이 더 많더라도, 짜증을 내기보다는 길 위에 있음에 감사하고 싶다. 지치지 않고 길 위에 있는 것. 빠르게 달려가다 쓰러지는 것보다, 혹은 이탈해버리는 것보다 훨씬 더 값지고 소중한 일이라는 걸, 이제는 조금 알 것 같다.

무엇보다도 '내 것'을 한다는 성취감과 뿌듯함이 있었기에 야근도, 주말 근무도 괜찮았다. 정해진 날짜에 따박따박 들어오는 월급이 없어도 버텨낼 수 있었던 건 시간을 온전히 '내 것'으로 채워갈 수 있다는, 어쩌면 인생에서 처음 맛보는 달디 단 자유의 맛 덕분이었으리라.

유튜브의 속도, 책의 속도

유튜브, 인스타그램, 블로그 같은 디지털 활동과 책이라는 다분히 아날로그적인 작업을 함께 이어가고 있다. 다소 느리고 불편했지만 낭만이 있던 아날로그의 시대, 기술이 발전하며 훨씬 편리해졌지만 어딘가 삭막해진 디지털의 시대. 나는 이 두 시대를 모두 통과하며 자라왔다. 아날로그의 끝자락과 디지털의 문턱 사이, 그 경계선을 오가며 살아온 세대이기에 어린 시절의 아날로그는 향수로 남아 있고, 지금의 디지털은 익숙함과 감사로 스며들어 있다. 그래서 서로 다른 이 두 방식 모두를 공감할 수 있고, 다르기에 오히려 더욱 매력적으로 느껴진다. 이처럼 아날로그와 디지털을 넘나드는 삶을 살아가다 보면 가끔 이런 질문을 듣는다.

"유튜브 하다 보면 책 만들기 싫지 않아요?"

아마도 그 말 속에는 반응도 빠르고 성장 속도도 눈에 띄는 유튜브를 하다 보면, 상대적으로 더디고 조용한 책 작업이 답답하게 느껴지지 않느냐는 의미가 담겨 있을 것이다. 실제로 요즘 같은 빠른 시대엔 바로 찍어 올리고, 편집 없이 실시간으로 송출할 수 있는 콘텐츠들이 넘쳐난다. 작은 장비 하나면 어디서든 제작이 가능하고, 즉각적인 반응은 순식간에 도착한다. 운이 좋으면 알고리즘의 파도를 타고, 하루아침에 화제의 중심에 서기도 한다. 트렌드는 빠르게 바뀌고, 그 흐름을 타기 위한 공식들도 나름대로 존재한다. 자극적인 제목과 눈에 띄는 섬네일은 사람들의 시선을 잠시라도 더 붙잡기 위한 장치가 되어준다. 초 단위로 새로운 영상이 쏟아지는 유튜브 속에서는 그런 유혹이 늘 가까이에 있다. 더 빠르게, 더 자극적으로, 더 짧게. 끊임없이 속삭이는 목소리들.

다양한 채널을 통해 콘텐츠를 나눌 수 있는 시대는 분명 매력적이다. 하지만 지나치게 빠른 속도는 때때로 방향을 잃게 만들기도 한다. 높은 조회수와 큰 인기를 얻는 일은 그만큼의 어둠도 함께 불러온다. 빛과 그림자는 함께 존재하기에 인기는 결코 혼자 오지 않는다는 걸 기억해야 한다. 'Easy come, easy go.' 쉽게 얻은 것은 그만큼 쉽게 사라질 수 있다. 그래서 뜻밖의 기회가 눈앞에 닿았을 때는, 덥석 움켜쥐기보다 잠시 멈춰서 살펴보는 신중함이 필요하다.

유튜브라는 공간에서는 누구나 스스럼없이 말을 남긴다. 그 말들은 때로 따뜻하고, 때로는 날이 서 있다. 그저 가볍게 던진 한마디일지라도, 누군가에겐 오래도록 아픈 말이 되기도 한다. 마음 깊이 품은 진심이 왜곡되어 전해지는 일도 드물지 않다. 작은 말 하나가 조용히 스며들어 마음을 갉아먹고, 앞으로 나아가려는 걸음을 멈추게 할지도 모른다. 그렇게, 한 사람의 용기가 어느 날 조용히 꺾이기도 한다. 이렇게 하나의 콘텐츠를 둘러싸고 다양한 생각들이 공존하는 것은 이 공간이 지닌 또 다른 얼굴이다. 우리는 그 다름을 인정하고, 받아들일 수 있어야 한다. 빛나는 왕관엔 언제나 무게가 따르듯이.

때로는 무반응이 더 깊은 상처가 되기도 한다. 정성을 다해 만든 결과물에 아무런 반응이 없거나 차가운 침묵이 돌아올 때, 마음은 조용히 꺾이고 의욕은 서서히 식어간다. 그럴수록 돌아봐야 할 건 타인의 시선이 아니라 나 자신의 마음이다. 만드는 과정이 즐거웠고, 결과에 스스로 만족할 수 있었다면 그것만으로도 충분한 이유가 된다. 비록 세상의 박수는 들리지 않더라도, 내 걸음은 그 의미 속에서 조용히 계속될 수 있다.

하지만 그저 유행을 좇느라 나에게 어울리지 않는 콘텐츠를 만들다 보면, 어느새 마음은 지쳐간다. 게다가 반응마저 냉담하다면, 그 길은 오래 걸을 수 없게 된다. 그래서 더더욱, 내가 좋아하고 잘할 수 있는 이야기로 채워가는 것이 중요하다. 결국 모든 콘텐츠의 출발점이자 중심은 '나'이기 때문이다. 내가 이걸 진심으로 즐기고 있는지, 억지로 끌고 가고 있지는 않은지, 결과가 기대에 미치지 않더라도 과정을 기꺼이 사랑할 수 있는지, 그리고 그 과정이 내 마음을 다치게 하지는 않을지. 이러한 물음에 솔직하게 답할 수 있어야 한다.

그렇다고 해서 나만의 것을 고집하느라 흐름을 읽지 못한다면 그건 허공에 외치는 말과 다르지 않다. 세상의 결과 나의 결이 만나는 지점을 찾아, 조금씩 방향을 바꿔보는 시도 속에서 계속해서 배워나간다. 그러면서 나에게 맞는 것을, 조금 더 잘할 수 있는 것을 천천히 찾아가는 재미도 생긴다.

유연한 마음은 언제나 새로운 모험의 문을 연다. 그 문 앞에서 망설이기보다, 용기 내어 한 발 먼저 내딛어보는 것이다. 빠르지 않아도 괜찮다. 그러다 보면 어느새 조용히, 그러나 분명히, 무언가를 이어가고 있는 나를 발견하게 될 테니까.

유튜브는 기획부터 촬영, 편집, 업로드까지 시간이 들긴 해도, 책에 비하면 훨씬 빠른 매체다. 같은 출발선에서 뛰기 시작해도, 유튜브는 몇 분만에 결승선을 통과할 수 있고, 책은 몇 달, 때로는 몇 년을 품어야 도착점에 닿는다. '열 달 품어 책을 낳는다.'는 말이 있을 정도로, 책 한 권이 세상에 나오기까지는 느리고 고요한 시간이 필요하다.

하지만 그렇게 천천히 태어난 한 편의 이야기는 전자책, 오디오북, 드라마, 영화처럼 다양한 방식으로 다시 태어날 수 있는 여러 가능성을 품고 있다. 느리지만, 더 오래. 조용하지만, 더 멀리. 그게 책이 가진 힘이다.

빠르게 흐르는 유튜브의 시간과, 조금 느리게 숨 쉬는 책의 시간. 이렇게 서로 다른 속도의 작업을 함께 하며, 나는 나만의 균형을 찾아가고 있다. 그래서 더 이상 서둘러 앞서가려 애쓰기보다는, 내 삶의 방향키를 정직하게 붙잡으려 한다. 속도는 중요하지 않다. 내가 바라는 방향으로 나아가고 있다면, 천천히 가도 괜찮다. 지치면 잠시 멈춰 서도 좋다. 조금 느리게 걸어도 괜찮다. 중요한 건 나를 잃지 않는 것, 나를 돌보며, 나를 믿으며, 조금씩 앞으로 나아가는 것이다.

오늘도 유튜브와 책이라는 서로 다른 결을 따라 걷다가도 달리고, 달리다가도 다시 걷는다. 조금씩, 조금씩. 내가 정한 나만의 속도로.

노마드 라이프,
휴대폰과 노트북만 있으면 어디서든 일할 수 있지

모닝커피. 회사에 다니던 시절, 아침마다 마시는 커피는 여유보다는 잠을 깨기 위한 카페인 섭취에 가까웠다. 나에게 카페란, 매일 들르긴 했지만 여유를 즐길 틈은 없고 출근길에 후다닥 들르거나, 업무 중에 잠시 나와 커피만 빠르게 사가는 '지나치는 곳'이라 하는편이 더 어울렸다.
그렇게 짧은 시간 커피를 기다리는 동안에도 마음은 늘 조급했다. 1분 1초가 아쉬워 동동거리며 기다리다 보면, 카페 안에는 노트북을 펼쳐 놓고 타닥타닥 키보드를 두드리는 사람들이 눈에 들어오곤 했다. 그 모습이 눈에 익을 만큼 자주 보였다. '와, 아침에 저렇게 여유로울 수 있다니…' 싶었고, 다른 세계의 사람처럼 낯설게 느껴졌다. 누구나 분주한 아침 시간이었지만, 그들에겐 출근의 압박이 느껴지지 않았다. 그 여유로운 풍경이 어린 내게는 참 부럽고 멋져 보였다. 지금 생각해보면, 그들은 아마도 노트북 하나면 어디서든 일할 수 있는 디지털 노마드였을 것이다. 그리고 그 여유로워 보이던 모습 뒤편에서는, 자신만의 세계에서 고요한 사투를 벌이고 있었을지도 모른다.

'디지털 노마드(Digital Nomad)' 꼭 출퇴근을 하지 않아도, 장소에 구애받지 않고 어디서든 일할 수 있는 사람들을 일컫는 말이다. 노트북이나 스마트폰 같은 디지털 기기를 활용해 공간의 제약 없이 재택이나 원격근무를 하며 자유롭게 살아가는 사람들.

나 역시 혼자서 여러 가지 일을 동시에 해내야 하는 1인 기업을 운영하다 보니, 자연스레 디지털 노마드의 삶을 살고 있다. 다행히도 요즘은 스마트폰 하나만으로도 많은 일을 뚝딱 처리할 수 있다. 아침에 들어오는 책 주문도 바로 확인할 수 있고, 출고 역시 버튼 몇 번이면 끝난다. 대부분의 업무는 메일이나 카카오톡, 인스타그램 DM 같은 비대면 방식으로 진행된다. 필요하면 전화를 하거나 온라인 미팅을 열기도 한다. 심지어 미팅조차도 이제는 ZOOM이나 구글 등을 통해 충분히 가능하다.

코로나 시기를 지나며 자연스럽게 자리 잡은 이러한 비대면 업무 방식은 디지털 노마드로 살아가는 이들에겐 이미 익숙한 생활이 되었다. 더 이상 얼굴을 마주 봐야만 미팅인 건 아니다. 장소에 얽매이지 않고도 업무 이야기를 나누고, 함께 계획하고, 실현해나갈 수 있다. 덕분에 해외나 지방 출장 중에도, 꼭 사무실에 있지 않아도, 어디서든 자유롭게 일할 수 있다.

작가로서 원고를 써야 할 때는 노트북이나 태블릿PC를 챙겨 나가지만 그마저도 무겁게 느껴지거나 상황이 여의치 않을 땐 스마트폰 하나면 충분하다. 짧은 글이나 급한 마감일 때는 메모장을 켜고 토독토독 화면을 두드리며 한 글자 한 글자 써 내려간다. 그마저도 불가능한 상황이라면 아날로그 방식으로 돌아간다. 펜과 노트를 꺼내 손으로 글을 쓴다. 상황에 따라, 공간에 따라, 그 순간 가능한 방식으로 글을 쓴다. 바로 이런 유연함이 디지털 노마드의 중요한 능력이기도 하다.

집중이 되냐고? 그렇게밖에 할 수 없는 상황이라면, 오히려 집중력은 더 강하게 켜진다. 고수는 장비를 가리지 않는다는 말처럼, 꼭 해야 하는 순간에는 어떤 도구든 최대한 활용하게 된다. 몇 번의 급한 마감을 겪다 보니, 이젠 환경이 낯설어도 어느 순간 '집중 모드'가 딸각 하고 켜지는 기분이 든다. 사실 처음엔 나도 환경이 바뀔 때마다 적응하기가 쉽지 않았기에, 나에게 환경을 맞추려고 애썼다. 하지만 어쩔 수 없이, 무조건 마감을 해내야 했던 순간들을 여러 번 지나오며 조금씩 달라졌다. 역시 인간은 적응의 동물이고, 1인 기업 대표는 징징댈 여유가 없다. 결국 어디서든 일할 수 있어서 다행이라는 생각이 든다.

몇 해 전, 출판사 동료들과 함께 해외 출장을 간 적이 있었다. 몇 박 며칠을 함께 보내는 동안, 아침마다 스마트폰에서 눈을 떼지 못하는 나를 보고 한 동료가 물었다.

"아침마다 뭘 그리 바쁘게 해?"
"아, 지금 주문 들어와서요. 주문 넣고 있어요."
"와, 그걸 휴대폰으로 하는 거야? 나는 어떻게 주문 넣는지도 모르는데... 대단하네."

그저 평소 하던 일을 출장지에서도 똑같이 해낸 것뿐이었지만, 돌이켜보면 그 순간부터였던 것 같다. 내가 정말 디지털 노마드로 살아가고 있다는 걸 실감하게 된 건.

서울 어딘가의 카페에서도, LA의 꽉 막힌 고속도로 위에서도, 도쿄의 어느 골목 어귀에서도. 나는 늘 아침마다 주문을 확인하고, 물류 출고 요청을 하고, 메일로 업무 이야기를 주고받고, 틈틈이 메모장을 켜 원고를 쓴다. 장소는 달라도 루틴은 그대로, 어디서든 언제든 일은 이어지고 삶도 흐른다. 그리고 그 위에 놓인 건, 어디로든 갈 수 있고 무엇이든 해볼 수 있는 무한한 자유다.

내일은, 다음 주는 또 어디에서 일 해볼까. 그 상상만으로도 이미 마음이 설렌다. 이쯤이면 나도 제법 어엿한 디지털 노마드가 되어 있는 모양이다.

장소는 달라도 루틴은 그대로, 어디서든 언제든

일은 이어지고 삶도 흐른다.

그리고 그 위에 놓인 건, 어디로든 갈 수 있고

무엇이든 해볼 수 있는 무한한 자유다.

이야기는 멈추지 않는다

꽤 큰 규모의 종합출판사에 다니던 때였다. 매주 다양한 분야의 책들이 끊임없이 세상에 나왔다. 신간이 출간될 때면, 담당 편집자가 직원들 책상 위에 책을 한 권씩 올려두곤 했다. 휴가로 일주일 자리를 비운 어느 여름, 돌아온 내 책상엔 책이 마치 탑처럼 높게 쌓여 있었다. 불과 몇 날 사이 매일 2~3권씩 새로 나온 책들이었고, 책상은 읽어야 할 책들로, 그리고 세상에 소개해야 할 이야기들로 빼곡했다.

출간된 책은 편집자와 마케터를 비롯해 여러 스태프가 애써 함께 알린다. 하지만 현실은 이상처럼 다정하지 않다. 모든 책에 똑같은 애정을 쏟는 건 불가능했고, 마케팅의 힘은 결국 '밀어주는 책'에 쏠릴 수밖에 없었다. 그 외의 책들은 조용히 출간되고, 조용히 서가에 자리 잡는다. 당연한 일이라는 걸 머리로는 알고 있었지만, 마음은 쉽게 고개를 끄덕이지 못했다. 작가의 시간을 오롯이 들여 만든 한 권 한 권이, 그렇게 아무 말 없이 사라지는 것이 아쉬웠다. 더 오래, 더 널리 사랑받길 바랐던 마음은 어김없이 현실의 벽 앞에 부딪혔다.

그러다 가끔, 마음이 잘 맞는 편집자와 뜻을 모아 이미 '끝났다'고 여겨진 책에 다시 온기를 불어넣곤 했다. 출간된 지 몇 달, 반응이 뜸해 '이쯤이면 됐다'는 판단이 내려진 책. 남은 예산은 아슬아슬했고 여유는 없었지만, 그 안에서 해볼 수 있는 모든 걸 꺼내보았다. 아이디어를 나누며 머리를 맞대고, 김밥 하나에 라면 한 그릇을 나눠 먹으며 밤을 지새우기도 했다. 신기하게도 힘들다는 생각은 별로 들지 않았다. 그 시간이 꽤 즐거웠고, 다행히 결과도 좋아 더없이 뿌듯했다. 지금도 그 선배를 만나면 '그때 참 재밌었지.' 하고 웃으며 추억을 꺼낸다.

하지만 매번 그럴 순 없었다. 마음 한편에서 '이 책, 정말 좋은데...'라는 미련이 맴돌지만, 할 수 있는 일이 없을 때도 많았다. 아쉬움은 자꾸만 책상 위에, 책장 안에, 마음 한편에, 하나둘 숙제처럼 쌓여갔다. 그렇게 보내야만 했던 책들이 조용히 나를 지나갔다.

'빠르진 않아도 정확한 방향으로. 많은 책을 만들기보다는, 한 권 한 권에 정성을 들여 더 많은 독자들과 나누고 싶다.'

1인 출판사, 소로소로를 시작하며 마음속에 단단히 새긴 모토이자 나침반 같은 말이다. 책을 만드는 과정도, 그 이후의 시간도, 전부 내 손으로 짓고, 다듬고, 전하는 일이기에 그 어떤 책도 서둘러 내고 싶지 않았다. 이제 막 세상에 나온 새 책이 아니더라도 그 책이 가진 힘을 믿고 오래도록 읽힐 수 있도록 다르게, 꾸준히 전하고 싶었다. 빠르지 않더라도, 확실한 방향으로.

책은 출간과 동시에 끝나는 것이 아니다. 종이책이라는 한 형태로 세상에 첫 발을 디딘 것일 뿐이다. 좋은 콘텐츠는 그 자체로 생명력을 품고 있기에, 종이책을 넘어 전자책, 오디오북, 드라마, 영화, 심지어 게임에

이르기까지 무한히 확장될 수 있는 가능성이 있다.

하나의 원천 콘텐츠가 여러 형식으로 다시 태어나는 OSMU(One Source Multi Use)라는 말처럼, 책은 이야기의 근원이자, 모든 콘텐츠의 씨앗이다. 기술이 아무리 발전해도 결국 좋은 콘텐츠는 누군가의 진심을 담은 이야기에서 시작된다. 스토리텔링이 가진 힘은 여전히 유효하고, 여전히 사람을 움직이게 만든다.

그래서 오늘도 한 권의 책을 정성껏 짓는다. 콘텐츠가 가진 힘을 믿으며, 지금 이 이야기가 누군가의 마음에 닿아 또 다른 이야기로 이어지기를 바라며. 느리지만 단단하게, 오래오래 많은 이들과 나누기 위해서.

나만의 숨 쉴 틈 만들기

'고양이 발이라도 빌리고 싶다!'

정기적으로 해야 하는 업무부터 물밀 듯 밀려오는 각종 마감까지 정신 없이 처리하다 보면 문득 이 말이 절로 떠오른다. 이 표현은 고양이 발이라도 빌리고 싶을 만큼 일이 많을 때를 말하는 일본 속담이라고 한다. 처음 들었을 때는 그저 귀엽다고만 생각했는데, 정작 내가 그 상황에 처해 보니 이 말이 이렇게 절절하게 공감될 줄은 몰랐다.

물론 일이 많다는 건 감사한 일이다. 하지만 마감 시기가 겹쳐 몰릴 땐 진심으로 고양이 발이라도 빌리고 싶은 순간이 온다. 그럴 때면 내 옆을 든든하게 지켜주는 우리 집 고양이, 모카를 바라보며 상상에 빠진다. 모카에게는 어떤 일을 맡기면 좋을까? 계약서를 대신 보내줄 수 있을까? 메일 답장을 해줄 수 있을까? 괜히 이런 엉뚱한 몽상을 하며 웃게 된다. 물론, 모카는 집사가 그런 상상을 하는 줄도 모른 채 햇살 좋은 창가에서 그저 쿨쿨 잠들어 있을 뿐이지만.

혼자 일하다 보면 많은 일을 동시에 처리해야 하는 것은 물론이고, 수많은 선택과 고민을 스스로 감당해야 한다. 자유라는 말이 항상 듣기 좋은 것만은 아닌 이유다. 자유와 함께 책임이라는 무게도 함께 따라오기 때문이다. 이처럼 홀로 많은 일을 해내야 하기에, 결국 중요한 건 나 자신을 돌보며 일하는 태도다. 체력이나 정신건강, 마인드 컨트롤에도 스스로 신경 써야 한다. 일에 치우치다 보면 자기 돌봄이 소홀해지기 쉽고, 그럴 때는 호미로 막을 걸 가래로 막게 되는 일이 생기기도 한다. 이른바 '번아웃'이 바로 그런 것이다. 주변에서도 번아웃이 세게 온 경우를 자주 보게 된다. 조직에 속해 있다면 동료에게 잠시 도움을 청할 수도 있지만, 1인 기업에게 번아웃은 그야말로 '올 스톱'이다. 아무도 대신해줄 수 없고, 일은 그대로 멈춘다. 그래서 '나만의 숨 쉴 틈'을 만들어 두는 건 아주 중요하다.

이 틈은 비단 1인 기업에게만 해당되는 이야기가 아니다. 지금을 살아가고 있는 모두에게 꼭 필요한 말이기도 하다. 각자 짊어지고 있는 삶의 짐은 다르지만, 체감하는 무게와 받아들이는 마음은 언제나 상대적이니까. 삶이라는 긴 마라톤을 이어가려면 매번 헐떡이며 뛸 수는 없다. 때로는 걷고, 또 괜찮아지면 빨리 걷고, 너무 힘들면 잠시 멈추어야 한다. 그렇게 완급 조절을 하며 가는 것이 필요하다. 욕심을 부리다 보면 작은 돌부리에도 휘청이게 되고, 어쩌면 그대로 주저앉고 싶어질지도 모른다. 그래서 '숨 쉴 틈'을 여기저기 미리미리 뚫어두어야 한다. 누구도 아닌, 바로 나 자신을 위해서.

나의 숨 쉴 틈은 캠핑이다. 직장에 다닐 때부터 시작한 캠핑은 주중의 바쁜 일상을 보내고 주말엔 자연 속에서 하룻밤 머물며 힐링하는 것으로 삶의 균형을 맞출 수 있게 해주었다. 이제 더 이상 출퇴근은 없지만, 오히려 일과 휴식의 경계가 더 모호해질 때가 종종 생기는 지금도 나는 여전히 캠핑에게 기대고 있다. 아이러니하게도 숨 쉴 틈이었던 캠핑은 이제 일이 되기도 했고, 쉬면서 일하고, 일하면서 쉬는, 나만의 리듬으로 밸런스를 맞춰가는 중요한 도구가 되었다.

캠핑에서 가장 좋아하는 일과는 바로 '불멍'이다. 모닥불을 피워놓고 멍하니 바라보는 시간. 아마 캠핑을 해본 적이 없더라도 불멍이라는 단어는 한 번쯤 들어봤을 것이다. 그만큼 불멍은 이미 많은 이들의 쉼의 방식으로 자리 잡았다. 어린 시절 누구나 한 번쯤 해봤을 불장난의 기억을 떠올려보면, 불멍이 그리 낯설지 않게 느껴진다. 불꽃을 멍하니 응시하거나, 타닥타닥 장작이 타는 소리를 듣고 있자면 마음이 차분해지고, 괜스레 마음이 차분해지고, 복잡했던 생각도 정리된다.

불을 피우는 데도 나름의 요령이 있다. 초보 캠퍼들은 빨리 불을 붙이겠다고 처음부터 장작을 너무 많이 쌓곤 하는데, 그러면 오히려 불이 잘 붙지 않는다. 불이 잘 타기 위해서는 장작 사이로 바람이 드나들 수 있는 '틈'이 필요하다. 장작을 성글게, 느슨하게 쌓아두어야 불씨가 살아나고 전체로 퍼진다.

불멍을 하며 이 단순한 원리를 몸으로 익히게 되었다. 장작도, 사람도, 무엇이든 숨 쉴 틈이 없으면 제대로 타오르지 못한다는 것. 너무 많은 것을 욕심내어 한꺼번에 채워 넣으려 할 때 오히려 아무것도 제대로 되지 않는다는 걸, 모닥불이 나에게 가르쳐주었다.

초반에 불이 붙고 난 뒤에는 조금씩 장작을 추가하며 불을 안정적으로 유지해야 한다. 너무 두꺼운 장작을 처음부터 넣으면 불이 잘 붙지 않으니, 얇은 불쏘시개로 기초를 먼저 다져야 한다. 두꺼운 장작은 제대로 불이 붙기만 하면 오래 타지만, 타이밍을 맞추지 못하면 겉만 그을리고 속은 식은 채로 남게 된다.

일도 마찬가지다. 처음부터 조급하게 욕심을 부리면 일이 엉키기 쉽고, 오히려 시간만 낭비될 수도 있다. 특히 혼자 일할 땐 마음이 더 조급해지기 쉬운데, 그럴 때일수록 나 자신에게 말해줘야 한다. 욕심껏 두꺼운 장작부터 던지지 말자고. 붙지 않는 불에 연기만 자욱해질 뿐이라고.

잊지 말자. 모닥불을 피울 때도, 일을 할 때도. 가느다란 장작부터 차근차근 쌓되 바람이 드나들 수 있는 틈을 마련해주는 것. 그래야 '나의 일'이라는 모닥불이 오래오래, 안정적으로, 따뜻하게 타오를 수 있다.

장작도, 사람도, 무엇이든 숨 쉴 틈이 없으면

제대로 타오르지 못한다는 것.

너무 많은 것을 욕심내어 한꺼번에 채워 넣으려 할 때

오히려 아무것도 제대로 되지 않는다는 걸,

모닥불이 나에게 가르쳐주었다.

작은 출판사의 세계일주

출판사 근무 시절, 정기적으로 출판 저작권 에이전시로부터 레터를 받아 보곤 했다. 레터란 에이전시에서 해외 도서들의 자료를 정리해 출판사에 보내주는 것으로, 출판사는 그 자료를 참고해 관심 있는 도서를 문의한다. 해외 도서를 출간하기 위해 매번 각국의 사이트를 들여다보거나 시장조사를 직접 하기란 현실적으로 쉽지 않다. 그렇기에 레터는 해외 도서가 국내 출간으로 이어질 수 있도록 다리를 놓는 중요한 매개체였다. 이러한 레터는 편집부나 저작권 부서에서 늘 주의 깊게 관리하고 공유하는 자료였다. 나의 경우, 첫 출판사에서부터 다양한 업무를 배우고 익혔던 덕분에 신입 시절부터 자연스럽게 레터를 접할 수 있었다. 그렇게 정기적으로 레터를 들여다보며 문득 떠오른 궁금증이 있었다.

'전 세계의 다양한 책들은 이렇게 소개되는데, 그렇다면 우리 책들은? 한국의 좋은 책들도 해외에 소개할 수는 없을까?'

그 당시만 해도 에이전시 업무는 대부분 '해외 도서의 수입'에 초점이 맞춰져 있었다. 저작권 수출은 수입에 비해 상당히 드물었고, 있다 해도 유명 작가의 책이나 선인세가 낮은 국가에 한정된 경우가 많았다. 아예 이루어지지 않았던 건 아니지만, 전반적으로 수입에 비해 수출은 아쉬운 수준으로, 한국 책이 해외에 소개되고 번역·출간되는 사례는 흔치 않았다. 물론 지금은 K-컬처의 세계적인 인기 덕분에 이제는 전 세계 많은 나라에서 한국 도서를 만나볼 수 있게 되었다. 분야를 막론하고 다양한 한국 도서들이 세계 곳곳에 자리하고 있다. 얼마 전까지 '가능할까?' 싶던 일들이 이제는 하나둘씩 현실이 되고 있다. 하지만 이 변화는 그리 오래된 일은 아니다.

해외여행을 갈 때마다 꼭 현지의 서점을 들르곤 했다. 그렇지만 그곳에서 한국 책, 혹은 한국어 번역서를 찾는 건 언제나 쉽지 않은 일이었다.

'한국에도 좋은 책들이 정말 많은데...',
'이렇게 한국에서만 머물기엔 아쉬운 책들이 많은데...'

서점 한편에서 이런 생각을 하다 보면 괜히 마음이 서운해지곤 했다. 나뿐 아니라, 출판사 근무 시절 함께 일했던 에이전시 담당자들 중에도 비슷한 아쉬움을 가진 이들이 있었다. 하지만 워낙 과중한 업무와 현실적인 제약들로 인해 그 생각을 실현하기는 쉽지 않았다.

그래서 출판사를 차리고 나서는 우리 콘텐츠를 해외에 알리는 작업도 하나둘씩 시도해 보기로 했다. 자료를 영어, 일본어, 중국어 등 현지 언어로 번역해 샘플을 만들고, 우리만의 레터 자료를 제작해보는 등 다양한 방식으로 움직이고 있다.

물론 시간도 오래 걸리고, 품도 많이 든다. 그야말로 '계란으로 바위 치기' 같은 일일지도 모른다. 결과물을 바로 기대할 수도 없고, 어쩌면 아무런 성과 없이 끝날 수도 있다. 그럼에도 꼭 이렇게 해보고 싶었다. 우리도 잘 만들 수 있고, 우리에게도 좋은 콘텐츠가 많다는 걸 조금씩, 멀리멀리, 세계 방방곡곡에 알리고 싶었다.

그 덕분일까. 이제는 도쿄의 몇몇 서점에서 소로소로의 책 『숲의 하루』를 만나볼 수 있게 되었다. 감성 캠핑 & 자연 에세이인 『숲의 하루』는 사진이 많고 글이 다소 적은 책이라, 번역본이 아니어도 괜찮다며 서점에 놓아주겠다는 곳들이 있었다. 낯선 나라, 낯선 서가에 나의 책이 놓이게 된 것이다.

『숲의 하루』를 도쿄에 입고하던 날, 서점 한 곳 한 곳을 직접 찾아가 인사를 드리고 책을 소개하며 이야기를 전했다. 그 어떤 미팅 때보다도 떨리던 날이었다. 아마도 외국어로 전하는 말이어서가 아닌, 진심을 오롯이 전하고 싶은 마음 때문이었을 테다. 가가호호 서점에 들러 입고를 마치고 돌아서는 길. 이 책이 앞으로 어떤 독자의 손에 들리게 될까. 그 생각에 마음이 두근거렸다. 그러면서도 부디 잘 살아남아 주기를 바라는 마음이 공존하는 괜스레 복잡하고 묘한 기분이었다.

아무래도 『숲의 하루』는 한국어 책이다 보니, 일본 독자들을 위해 책에 대한 소개를 일본어로 한 글자 한 글자 정성껏 적어 표지 앞에 작게 붙여

두었다. 그 덕분인지, 책을 서가에 올려두자마자 신기한 듯 관심을 보이는 독자들도 있었다. 조금이나마 도움이 된 것 같아 기뻤다. 이렇게 도쿄 아오야마, 진보초, 키치조지, 나카노 등 각자의 개성이 묻어나는 작은 동네 서점들에서 『숲의 하루』가 조용히 판매되고 있다.

감사하게도, 『숲의 하루』를 통해 SNS로 연락을 주는 독자들도 하나둘씩 늘어나고 있다. 일본인 독자도 있었고, 일본에 거주하는 한국인도 있었다. 한국어 책을 현지에서 만나 반가운 마음에 구입했다며 곳곳에서 보내온 메시지들. 낯선 도시에서, 이 책이 다양한 방식으로 사랑받고 있구나. 그 마음이 전해지는 순간, 문득 마음이 놓였다.

도서의 경우, 대부분은 판권 수출을 통해 각국의 언어로 번역되어 출간되는 방식이 일반적이다. 하지만 『숲의 하루』는 한국어 원서 그대로 서가에 놓이게 됐다. 이런 방식은 흔하지 않지만, 어떤 형태로든 한국의 콘텐츠를 알리는 것이 궁극적인 목표였기에 가능한 모든 방법을 시도해보고 있었다. 신기하게도 이렇게 작은 독립 서점에서 『숲의 하루』가 판매되는 것을 보고 일본의 규모 있는 대형 서점에서 입고 문의가 들어오기도 했다. 비록 여러 현실적인 이유로 진행되진 못했지만, 콘텐츠 자체에 대한 호감만으로도 1인 출판사에게는 충분히 유의미한 일이었다.

이후 출간된 『캠핑하루』는 감사하게도 출간 직후부터 다양한 판권 문의를 받게 되었다. 레터를 만들기도 전에 먼저 오퍼가 들어온 것은 처음이었다. 신기하고, 얼떨떨했다. 첫 오퍼가 들어온 곳과 이야기를 나누고 있는 와중에 또 다른 출판사에서도 오퍼가 들어왔다. 조건을 따지기보다는 가장 먼저 연락을 주었던 곳과의 조용한 의리를 지키고 싶었다.

그렇게 『캠핑하루』로 우리의 첫 해외 판권 계약이 성사되었다. 처음 책을 세상에 내보내던 그날처럼, 또 다른 세계를 처음 만난 기분이었다. 첫 수출국은 대만. 최근 캠핑 인구가 점점 늘고 있어 한국의 캠핑 문화에도 관심이 많다고 했다. 대만에서 책이 출간되자 현지의 캠핑 인플루언서들이 책을 소개해주었고, 책을 보고나서 SNS를 찾아온 대만 독자들도 부쩍 늘었다. 같은 한자권인 중국에서도 판권 문의가 들어오며 『캠핑하루』는 해외로 뻗어나가는 발판이 되어주었다. 그동안 염원했던 도서 저작권 해외 수출이, 그렇게 현실이 되었다.

이후로도 유튜브와 인스타그램 같은 SNS를 통해 도서를 소개하고, 우리의 콘텐츠를 알리는 작업을 꾸준히 이어가고 있다. 아이러니하게도 SNS의 속도에 비해 책의 속도는 무척이나 느리다. 하지만 그렇게라도 이어가고 싶다. 느리더라도, 꾸준하게. 그리고 가능한 오래오래.

조금씩, 실패가 내 편이 되어간다

모두가 두려워하고 꺼리는 것, 실패. 그래서 많은 이들이 실패하지 않으려 애쓰지만, 사실 실패는 피할 수 없는 것이다. 실패가 있어야 성공이 있고, 실패 덕분에 성공은 더 반짝인다. 그렇기에 실패의 경험은 반드시 필요하다. 가능하다면 성공보다 실패를 먼저, 그리고 가능한 많이 경험해보는 것이 좋다고 생각한다. 하나둘 쌓여가는 실패의 순간들은 비록 그때는 눈에 보이지 않더라도 내 안의 경험치로 차곡차곡 쌓인다. 그러다 문득 어느 날, 그 경험들이 나를 조금 더 멀리 나아가게 만든다.

실패가 두렵지 않다는 건, 곧 시작을 두려워하지 않는다는 뜻이기도 하다. 그러니 무엇이든 해봐야 한다. 결과를 예단하며 머릿속 시뮬레이션만 반복한다 한들 현실에서는 아무 일도 일어나지 않는다.

알고 있다. 이렇게 말해도, 실패를 딛는 일은 결코 쉽지 않다. 그래서 처음 여러 번의 실패를 겪었을 때의 감정을 아직도 잊을 수 없다. 그리고 동시에 잊지 않으려고 한다. 그 기억들이 다음 시작에 다시 용기를 건네주기 때문이다.

뭐 하나 똑 부러지게 나아가지 못하던 시기가 있었다. 정말 견디기 힘든 시간이었다. 하지만 그런 시간도 반복되다 보니, 신기하게도 어느 순간부터 면역이 생기기 시작했다. 그 후로는 실패의 기억을 단지 뼈아픈 과거로만 여기기보다 오히려 앞으로 나아가기 위한 원동력처럼 꺼내보게 됐다. 만약 그 감정들을 마음 깊숙한 서랍 속에만 넣어두었더라면, 그저 흑역사로 남았을지도 모른다. 하지만 자꾸 꺼내보고, 실패와 직면하고, 처음엔 눈도 마주치지 못하던 감정들과 마주하면서 조금씩 관점이 달라지기 시작했다. 실패를 인정하고 받아들이자, 나 자신도 함께 깊어지고 있었다. 그렇게 조금씩 성장하고 있다는 걸, 확실히 느낄 수 있었다.
그렇다고 해서 이제는 실패가 두렵지 않다는 건 아니다. 여전히 크고 작은 실패를 겪고, 그때마다 마음은 흔들리고 속상하다. 두려움도 여전히 있다. 하지만 그럴 때면 이런 생각을 꺼내본다.

'낯설지 않은 이 느낌. 맞아, 이런 마음이었지. 그때도 이겨냈으니 지금도 충분히 할 수 있어. 그 정도도 해냈는데, 이쯤이야.'

조금씩 내 편이 되어가는 실패와 오늘도 손을 잡고 나아간다. 그때 해봤다면, 지금도 할 수 있다.

읽는 맛, 듣는 맛 1

모름지기 책은 사락사락 종이 넘기는 맛이 있고, 읽던 페이지에 책갈피를 끼워두었다가 다시 꺼내 읽는 낭만이 있다. 어릴 적부터 종이책을 읽으며 자라서인지, 누군가를 만나러 가거나 지하철이나 기차로 이동할 때면 스마트폰보다는 책을 읽는 것이 좋았다. 그래서 외출할 때마다 작고 예쁜 가방보다는 다소 투박하지만 어떤 책이라도 품어줄 수 있는 에코백을 선호하게 되었다. 자연스레 늘 풍덩한 에코백을 들고 다니는 보부상이 될 수밖에 없었지만, 그래도 종이 넘기는 감각을 포기할 수는 없었다. 하지만 시대는 조금씩 변했고, 책도 전자책과 오디오북처럼 다양한 형태로 진화하기 시작했다. 단순히 종이책을 스캔한 PDF부터, 전자책 전용 형식인 EPUB까지, 전자책의 형태는 점점 세분화되었고, 언제 어디서든 간편하게 읽을 수 있다는 점에서 그 존재는 충분히 환영할 만했다. 특히 하나의 콘텐츠를 다양한 형태로 활용하는 OSMU(One Source Multi Use : 하나의 콘텐츠를 다양한 형태로 활용하는 방식) 측면에서 전자책은 종이책과 함께 출간 직후 바로 준비해 선보이기도 했다.

그러던 중, 오디오북이 등장했다. 오디오북은 활자가 아닌 음성으로 만들어진 책이다. 글을 읽을 수 없는 상황에서도 오디오북은 귀로 들을 수 있으니, 운전 중이거나 다른 일을 하면서도 책을 접할 수 있다는 장점이 있다. 무엇보다도 오디오북은 시각장애인 독자들에게 닿을 수 있는 소중한 연결고리가 되어준다. 책이 '누군가에게 읽어주는 목소리'로 전달될 수 있다는 것은, 그 자체로 따뜻한 일이었다. 내가 접한 첫 번째 오디오북은 『어린 왕자』였다. 평소에도 좋아하는 동화였고, 몇 번을 읽었던 책이었지만 오디오북으로 들으면 어떤 느낌일까, 문득 궁금해졌다.

"내 비밀은 이런 거야. 매우 간단한 거지.
오로지 마음으로 보아야만 정확하게 볼 수 있다는 거야.
가장 중요한 것은 눈에는 보이지 않는 법이야."

- 소설 <어린왕자> 중에서

분명 몇 번이고 읽은 책인데, 오디오북으로 들으니 마치 처음 듣는 이야기처럼 신선하고 새로웠다. 『어린 왕자』의 문장들과 성우의 따스한 목소리가 자연스럽게 어우러져, 어린 시절 엄마가 읽어주시던 동화책을 듣는 듯한 노곤하고 편안한 기분이 들었다.

그래, 우리 책도 오디오북으로 만들어보자! 호기롭게 마음을 먹었지만, 현실은 만만치 않았다. 오디오북 제작에는 성우비, 녹음비, 편집비, 믹싱비, 녹음실 대여비용까지 다양한 비용이 들었고, 여러 군데 견적을 받아보니 종이책 제작비에 맞먹는 금액이 나왔다. 1인 출판이 감당하기엔 쉽지 않은 수치였다. 그러다 한국출판문화산업진흥원의 오디오북 제작 지원 사업에 도전했고, 운 좋게 선정되어 첫 오디오북을 만들 수 있게 되었다.

소로소로의 첫 오디오북은 『리브 심플리』 한국, 미국, 일본의 인터뷰이들과 '나답게 살아가는 법'에 대해 이야기 나눈 라이프 스타일 인터뷰 에세이였다. 여러 사람의 인터뷰를 담은 책이다 보니 여러 명의 화자가 등장했고, 글이 아닌 실제 음성으로 이야기를 들려주는 듯한 생생한 오디오북을 만들고 싶었다. 감사하게도 마음이 잘 맞는 제작자를 만나게 되었고, 책의 기획 의도와 콘셉트, 방향성을 전달한 후 여러 성우를 섭외해 다채롭게 구성할 수 있도록 협업할 수 있었다. 이렇게 여러 명의 성우와 함께 한다는 것은 제작비뿐 아니라 스케줄 조정, 편집 과정 등 다양한 변수들이 따라올 수밖에 없는 일이다. 다행히도 제작 감독님께서 책의 기획에 깊이 공감해 주셨고, 세심하게 이 과정을 조율해 준 덕분에 큰 무리 없이 작업을 이어갈 수 있었다. 혼자이지만 혼자가 아닌 순간, 그런 순간이 찾아올 때마다 알 수 없는 힘이 마음속 깊은 곳에서 솟아올랐다. 그렇게 크고 작은 고비들을 넘길 수 있었고, 여러 사람의 도움 속에서 한 발자국 더 나아갈 수 있었다는 사실을 새삼 느끼게 되었다.

가장 중요한 화자가 되는 성우를 섭외할 때는 정말 신중할 수밖에 없었다. 몇 번이고 샘플 파일을 들으며 고민에 고민을 거듭했다. 따뜻하면서도 다정하게 이야기를 건네는 목소리였으면 좋겠다고 생각했고, 여러 성우의 샘플을 받으며 천의 목소리를 가진 분들의 놀라운 표현력에 감탄했다. '정말 이 목소리가 같은 사람일까?' 싶은 순간들이었다. 각각 다른 매력의 다정함과 따뜻함이 있어 결정이 쉽지 않았지만, 오히려 책 속의 인물들을 떠올리며 상상하니 조금씩 마음이 기울기 시작했다. 그렇게 고심 끝에 모든 성우를 결정했고, 드디어 설레는 첫 오디오북 녹음 날이 다가오고 있었다.

혼자이지만 혼자가 아닌 순간,

그런 순간이 찾아올 때마다 알 수 없는 힘이

마음속 깊은 곳에서 솟아올랐다.

읽는 맛, 듣는 맛 2

드디어 『리브 심플리』 오디오북 첫 녹음 날. 성우의 맑고 따뜻한 목소리로 들려오는 이야기는 종이책과는 또 다른 결을 품고 있었다. 같은 문장이라도 텍스트로 읽을 때와 목소리로 들을 때가 이렇게 다르구나, 새삼 깨닫게 되었다.

그런데 녹음을 이어가다 보니, 문어체로는 어색하지 않았던 문장이 구어체로 읽히자 입에 붙지 않거나 어딘가 어색하게 들리는 경우가 종종 생겼다. 읽다 보면 발음이 자꾸 꼬이거나 흐름이 매끄럽지 않은 문장들은 그 자리에서 발음하기 쉬운 표현으로 즉석에서 바꾸어 주었다. 전체 맥락에 지장을 주지 않는 선에서, 성우가 자연스럽게 읽을 수 있도록 문장을 조금씩 조율해 나갔다. 현장에 직접 참여하지 않았다면 이런 사소한 부분을 그때그때 소통하기 어려웠을 것이다. 멀리서 조율하려 했다면 분명 작업 시간도 훨씬 늘어졌을 테고 완성도 역시 달라졌을 것이다.

첫 녹음을 무사히 마치고 나니, 다음 녹음부터는 좀 더 꼼꼼하게 준비해야겠다는 생각이 들었다. 다음 녹음 분의 원고를 미리 소리 내어 읽어보고, 입에 붙지 않거나 어색한 표현은 듣기 좋은 문장으로 바꾸어 보았다. 그렇게 '읽는 맛'과 '듣는 맛'이 다르게 다가오는 문장들을 하나하나 손보다 보니, 이후 녹음은 훨씬 수월하게 진행할 수 있었다.

이렇게 우리의 첫 오디오북이 탄생했다. 종이책이나 전자책과는 또 다른 오디오북의 세계에 한 걸음 더 가까워진 순간이었다. 이렇게 만든 오디오북은 단순히 텍스트를 음성으로 바꾸는 것을 넘어, 종이책을 읽고 싶어도 읽을 수 없는 '독서 사각지대'의 사람들에게도 콘텐츠를 전할 수 있는 소중한 메신저가 되어주었다.

사실 『리브 심플리』 오디오북은 오히려 종이책보다 더 많은 관심과 사랑, 그리고 다양한 피드백을 받은 독특한 사례였다. 그 경험을 통해 하나의 콘텐츠는 어떤 형태로든 계속해서 사람들에게 알리고, 발견될 수 있도록 노력해야 한다는 걸 절실히 느꼈다. 그렇게 오디오북에 대한 확신이 생겼고, 이후 『캠핑하루』, 『숲의 하루』, 그리고 첫 책인 『시작은 브롬톤』까지 오디오북으로 제작해 꾸준히 이어가고 있다.

물론 오디오북은 제작비가 많이 들고, 종이책에 비해 시장도 넓지 않다. 선뜻 제작을 결정하기 어려운 이유다. 특히 1인 출판사에게는 더욱 부담이 될 수밖에 없다. 하지만 나는 다르게 생각해보기로 했다. 1인 출판이기에 가능한 일도 분명히 있다고. 정성껏 만든 콘텐츠를 더 오래, 더 넓게 선보이고 싶은 마음. 어떻게든 세상에 노크하고 싶은 마음. 그 마음 하나로 다시 보따리를 꾸려보는 것이다.

특히 『캠핑하루』는 캠핑을 주제로 한, 첫 오디오북이었기에 도전의 의미가 더욱 컸다. 종이책으로도 많은 사랑을 받은 책이라, 오디오북으로도 새로운 감각을 전하고 싶었다. 그래서 원고를 손보는 과정에서 챕터마다 어울리는 자연 소리를 삽입해 듣는 이로 하여금 자연 속에 함께 머무는 듯한 기분을 느낄 수 있도록 구성했다.

모닥불 타는 소리, 빗소리, 눈 오는 소리, 귀뚜라미 소리 같은 자연 ASMR은 책의 분위기와 조화를 이루며 오디오북만의 매력을 더해 주었다. 개인적으로 의성어나 의태어를 자주 사용하는 편인데, 오디오북으로 들었을 때 그 말들의 리듬감이 더 살아나, 콘텐츠의 실감을 더욱 풍성하게 만들어주었다. 덕분에 『캠핑하루』는 종이책과 더불어 오디오북으로도 많은 사랑을 받는 콘텐츠로 자리 잡을 수 있었다.

이렇듯 오디오북을 만들 때도 단순히 텍스트를 음성으로 바꾸는 데 그치지 않고, 그 매체만의 특성을 살려 청각적 요소들을 적극적으로 활용하니 콘텐츠가 더욱 입체적으로 완성되었다. 종이책과 오디오북이 '같지만 다른 콘텐츠'로서 매력을 갖게 된 것이다. 그런 덕일까. 처음에는 글을 '읽는 맛'만 생각하며 글을 썼지만, 이제는 '듣는 맛'까지 염두에 두며 문장을 쓰게 되었다.

앞으로도 읽는 맛, 듣는 맛, 그리고 그 너머의 새로운 감각까지 담아낼 수 있는 생생한 콘텐츠를 계속해서 발견하고, 또 만들어나가고 싶다.

쉼도 나의 일입니다

퇴사 이후 한동안, '성실해야 한다.'는 강박에 사로잡혀 있었다. 하루를 허투루 보내선 안 된다는 생각에, 빈틈없이 무언가를 채워 넣으려 애썼다. 아침 9시에 출근해 저녁 6시에 퇴근하던, 수년간 몸에 밴 회사원의 리듬이 단번에 무너질까 두려웠다. 아이러니하게도 퇴사 직후의 공기는 자유롭기보다는 오히려 두려움에 가까웠다. 도태될까봐, 게으름에 잠식돼 버릴까봐, 나도 모르게 조급해졌다.

그래서 퇴사 후에도 마치 회사를 다니듯 시간을 구획 지었다. 하루 일과표를 짜고, 정해진 시간마다 정해진 일을 했다. 오랜 회사 생활 덕에 익숙했던 아침의 체크리스트는 여전히 손에 붙어 있었고, 매일 아침 그날의 할 일을 적어 내려가는 것으로 하루를 시작했다. 하나하나 실선으로 지우고 빨간 펜으로 브이를 그릴 때면, 작게나마 안도할 수 있었다. '거봐, 회사 안 다녀도 괜찮잖아.' 그렇게 스스로를 토닥이며 불안함을 눌러보려 했다. 되도록 9시에 책상 앞에 앉고, 12시엔 점심을 챙겨 먹고, 6시 무렵엔 일과를 마무리하려 애썼다. 출근을 하지 않을 뿐, 시간의 리듬은 여전히 회사원에 머물러 있었다.

그런데 시간이 지날수록, 리스트 하나하나에 붙어 있던 '당연함'에 물음표가 생기기 시작했다. 이러려고 퇴사했나? 혼자 일하면서도 이렇게까지 살아야 하나? 아니, 이렇게까지 성실해야만 하는 이유가 있던가?

그동안의 나는 '아무것도 하지 않는 시간'을 애써 무시하고 있었다. 나태해질까봐 불안했고, 그래서 늘 무언가를 채워 넣으려 했다. 시간이 비는 걸 견디지 못해 효율만을 좇았고, 멈춰있는 나 자신이 못마땅하기까지 했다. 아무것도 쓰지 못해도 노트북 앞에는 앉아 있어야만 했고, 집중이 되지 않아도 정해진 시간만큼은 책상 앞을 지켜야 했다.

사실 그럴 필요는 없었다. 일이 잘 풀리지 않을 땐 가볍게 바람을 쐬고 와도 되고, 정해진 루틴에서 살짝 벗어나도 괜찮았다. 하지만 그때의 나는, 하지 못한 일들이 마치 밀린 방학 숙제처럼 마음 한편을 짓누르게 내버려두었다. 회사를 나왔으니 이제는 나만의 속도로, 나만의 리듬으로 흘러가도 되는 줄 알았건만, 정작 나는 여전히 회사의 속도와 리듬에 갇혀 있었던 것이다.

매일 대단한 걸 해내야만 의미 있는 하루일까? 의미 없어 보이는 일은 해선 안 되는 걸까? 나 자신을 너무도 조급하게, 너무도 팽팽하게 쥐어짜고 있었음을 뒤늦게야 깨달았다. 어릴 적 방학 계획표를 짤 때도 쉬는 시간은 짧아야 한다고 배웠고, 성실해야 한다는 명분 아래 시간은 언제나 무언가로 가득 차 있어야만 했다. 그렇게 나는 긴 시간 동안 '성실 강박'에 빠져 있었던 것이다.

하지만 이제는 안다. 체크리스트에 끌려 다니지 않고, 시간의 주인이 되어야 한다는 걸. 무작정 흘려보내는 것이 아니라, 내가 원하는 방향으로 시간을 이끌고 가야 한다는 것을.

일이 막히면 잠시 멈춰도 된다. 꼭 목적 있는 일이 아니더라도, 나에게 필요한 휴식이라면 얼마든지 누려도 괜찮다. 약속과 마감을 지키는 선에서, 혼자 일하는 사람만이 누릴 수 있는 특권을 마음껏 누려도 되는 것이다. 그러면 아무리 일이 몰려도 지치지 않는다. 효율적으로, 그리고 무엇보다도 즐겁게 일할 수 있다. 할 때는 몰입해서 하고, 쉴 땐 온전히 쉰다. 그렇게 진심으로 쉬어야, 다시 제대로 일할 수 있다. 그러다 보면 신기하게도, 아무것도 하지 않는 그 순간들 속에서조차 유레카는 조용히 우리 곁으로 다가올 것이다.

"무언가를 해내는 가장 좋은 방법은, 그냥 해보는 것이다."

(The most effective way to do it, is to do it.)

- 아멜리아 에어하트 (Amelia Earhart)

part. 2

쓰다

: 작가

완벽한 준비를 기다리다 보면 아무것도 시작할 수 없다.
가장 좋은 방법은, 그냥 첫 발을 내딛는 것이다.

당신도 글을 쓸 수 있어요

'글 어떻게 써야 하나요?', '글 잘 쓰고 싶은데 어떻게 해야 돼요?'
작가로 활동하다 보니 자연스럽게 글쓰기에 대한 이런 질문을 자주 받는다. 돌이켜보면 글쓰기와의 인연은 꽤 오래되었다. 어릴 적부터 책 읽고 글 쓰는 걸 좋아했고, 그 덕분에 친구들 대신 편지나 러브레터를 대필해주는 일도 제법 있었다. 라디오 사연 보내기, 자소서와 과제 검토 등 학생이 할 수 있는 자잘한 글쓰기 관련 일들도 자연스럽게 해왔다. 노랫말을 써보기도 하고, 대본, 시나리오, 소설, 시 등 장르를 넘나들며 이것저것 시도했던 기억이 있다. 뚜렷한 목적이 있어서라기보다는 그냥 좋아서, 끌려서 해본 일들이었다. 단어들이 자꾸만 머릿속을 맴돌았고, 떠오른 감정이나 장면들을 어떻게든 글로 옮기고 싶었다. 글의 형태마다 작법도 다르고 스타일도 다르다는 걸 알기도 전이었지만, 그냥 내 방식대로 써내려갔다. 그래서인지 다듬어지지 않은 거친 문장들이었지만, 지금의 나를 만든 건 결국 그 시절의 습작 노트들이 아닌가 싶다.
습작 노트의 시작은 중학교 무렵부터였다. '습작'이라는 단어도 몰랐지만, 감정이나 상상력, 떠오르는 글감들을 가득 적어둔 노트는 언제나 내게 소중한 공간이었다. 기분이 좋거나 슬프거나, 특별한 일이 있거나 혹은 별일 없이 평범한 날에도. 날마다 무언가를 쓰는 것이 자연스럽게 습관이 되었다. 다행인지 구르는 낙엽만 봐도 꺄르르 웃던 사춘기 소녀에게는 평범한 날이 거의 없었다. 감정은 하루가 멀다 하고 요동쳤고, 매일의 일상은 시트콤 못지않게 다이내믹했다. 지금 다시 꺼내 보면 웃음이 피식 나올 만큼 오글거리기도 하고, 풋풋하기도 한 기록들. 아마도 그 시절의 끄적임들이 내 안에 켜켜이 쌓여 지금까지 이어지고 있는 것이리라. 결국 무엇이든 써야 한다. '멋지고 좋은 글'을 쓰는 것보다 더 중요한 건 꾸준히 '자신만의 글'을 쓸 수 있는 힘이다. 형식에 얽매이지 말고 자유롭게 써보자. 잘 써야 한다는 부담감에 단 한 줄도 쓰지 못하고 멈춰 있는 것보다는, 구구절절 두서없더라도 멈추지 않고 써내려갈 수 있는 편이 훨씬 낫다.

어린 시절 일기를 쓰던 기억을 떠올려 보면 쉽게 이해가 될 것이다. 잘 쓰려고 애쓰지 않아도, 있었던 일을 나열하듯 써도 괜찮았다. 글쓰기도 그처럼 시작해보면 좋다. 다만 단순한 단어의 나열이 아닌, 주어와 동사가 들어간 문장 형태로 차근차근 써보자. 처음엔 그저 객관적인 사실들을 적다가, 조금 익숙해지면 오늘 좋았던 일, 서운했던 일, 마음이 흔들렸던 순간들처럼 감정이 담긴 글로 조금씩 발전시켜 나갈 수 있다.

'너무 바빠서 글 쓸 시간이 없어요.', '집에 컴퓨터가 없어요.' 그렇다면 휴대폰 메모장에 적어도 괜찮다. 아침에 눈뜨는 순간부터 밤에 잠드는 순간까지 손에서 놓지 않는 휴대폰. 시간이 없어서, 컴퓨터가 없어서, 책상이 없어서 제대로 글을 쓰기 어렵다면, 그 휴대폰 메모장 하나로도 글쓰기를 시작할 수 있다. 중요한 건 도구가 아니라 마음이고, 시작이다.

실제로 첫 책을 쓸 당시 나는 평범한 직장인이었다. 정말이지 글 쓸 시간이 부족했다. 그래서 출퇴근 시간이나 이동 중 틈틈이 휴대폰 메모장에 초벌 원고를 작성했고, 퇴근 후 집에 돌아와 그 글에 살을 붙이는 방식으로 원고를 완성해 나갔다. 제대로 된 작업실이나 서재가 없어도, 글은 어디서든 쓸 수 있었다. 중요한 건 장소나 환경이 아니라, 쓰겠다는 마음이었다.

이렇게 일기 쓰기가 어느 정도 익숙해졌다면, 이제는 내 글을 바깥 세상에 조심스럽게 건네 보자. 네이버 블로그나 브런치 같은 글쓰기 플랫폼에 글을 올려보는 것도 좋은 시작이다. '누가 본다고요?', '너무 부끄러워요.', '아직은 보여주고 싶지 않아요.' 이런 마음이 든다면, 처음에는 비공개로 글을 써도 괜찮다. 누군가에게 보여주기 위한 글이 아니라, 내 안의 생각을 정리하고 모아두는 '나만의 글 아카이브'라고 생각하면 훨씬 편해진다.

처음엔 혼자만의 글로 시작했다가, 시간이 지나면서 조금씩 누군가에게 보여줘도 괜찮은 이야기로 발전시켜 나가보자. 그마저도 망설여진다면, 비공개 계정으로만 운영해도 좋다. 누구에게도 보여주지 않아도, 글을 쓰는 그 시간은 분명히 나에게만은 특별한 의미가 될 것이다. 그렇게 쓰다 보면, 어느새 나의 글이 차곡차곡 쌓이고, 나만의 웹진이 조용히 완성되어 있을 테니까.

어떤 글을 써야 할까?

일기에서 시작해 글쓰기가 익숙해지고, 일상을 담는 단계를 넘어 '나만의 글'을 쓰고 싶다는 마음이 생겼다면, 이제는 본격적으로 글쓰기의 소재를 찾아야 할 타이밍이다. 하지만 정작 글을 쓰려고 하니 고민되는 여러 지점들이 있을 것이다.

"무슨 글을 써야 할지 모르겠어요."
"어떤 이야기를 해야 할지 막막해요."
"소재는 어떻게 찾아야 하죠?"

소재는 멀리서 찾기보다, 나와 가장 가까운 곳에서부터 시작해보는 게 좋다. 그중에서도 내가 '좋아하는 것'에서부터 출발하는 것이 가장 자연스럽고도 강력한 동력이다. 나 또한 좋아하는 것으로부터 모든 것이 시작되었다. 첫 책 『시작은 브롬톤』은 작게 접혀 어디든 데려갈 수 있는 자전거, '브롬톤'에 대한 애정으로 만든 책이다. 내 삶을 훨씬 밝고 긍정적으로 바꾸어 준 브롬톤을 통해, 더 많은 이들과 이야기를 나누고 싶었다. 그 애정을 꺼내어 단어로, 문장으로 옮겨 보고 싶었다.
하지만 마음처럼 쉽게 써지진 않았다. 첫 책이라는 부담감도 있었고, 회사를 다니며 책을 준비하느라 절대적인 글쓰기 시간이 부족했다. 그렇기에 더욱 절실하게 시간을 쪼개 써야 했다. '뜻이 있는 곳에 길이 있다.'라는 문장을 가슴에 품고, 퇴근 후에도, 주말에도, 출퇴근길에도 틈나는 대로 원고를 썼다. 평소 잠이 많은 나였지만, 그 좋아하는 잠조차 포기하고 졸린 눈을 비비며 밤늦도록 키보드를 두드렸다. 돌아보면 어떻게 그렇게 했을까 싶기도 하다. 분명 그 원동력은 좋아하는 것을 이야기하고 싶다는 진심 때문이었으리라. 좋아하는 마음은, 생각보다 훨씬 힘이 세다.

그렇게 첫 책 『시작은 브롬톤』은 세상에 나왔고, 감사하게도 많은 이들의 사랑을 받을 수 있었다. 그 경험은 단지 책을 한 권 냈다는 성취를 넘어, 이야기를 글로 엮는 즐거움까지 함께 안겨주었다. 그러다 보니 전하고 싶은 이야기들이 점점 더 많아졌다. 브롬톤을 타며 시작하게 된 캠핑의 매력도, 캠핑을 통해 느낀 좋은 순간들도 글로 담아보고 싶어졌다. 그렇게 꾸준히 책을 내며 자연스레 캠핑 & 여행 작가로 활동하게 되었다.

신기한 건 책을 쓰면 쓸수록 오히려 이야깃거리가 더 많아진다는 점이다. 한 권의 책이 끝이 아니라, 다음 이야기를 부르는 시작이 되어주었다. 그건 이번 책에서 다 하지 못했던 이야기일 수도 있고, 그때는 생각나지 않았던 다른 주제일 수도 있다. 어쩌면 전혀 다른 세계의 이야기일 수도 있다. 다만 분명한 건, 글을 쓰고 싶다는 마음. 책을 계속 만들어가고 싶다는 마음이 점점 더 커져간다는 것이다. 좋아하는 걸 이야기할 때면 괜스레 말이 많아지고, 누군가에게 알려주고 싶고, 함께 나누고 싶은 마음이 자꾸만 생긴다. 그런 마음은 혼자 품고 있을 때보다 나눌 때, 함께할 때 더 커지고 더 깊어지는 법이다.

이제 내가 좋아하는 것이 무엇인지 한번 떠올려보자. 그리고 그것을 글로 표현해보자. 누군가에게 말하듯 편지 형식으로 써도 좋고, 조용히 혼잣말을 하듯 독백 형식으로 써도 좋다. 혹은 상상력을 펼쳐 조금은 창작적인 방식으로 써보는 것도 좋다. 하지만 처음부터 무리할 필요는 없다. 한꺼번에 많은 걸 해내려 하면 금방 지치게 마련이니까.

가장 먼저 해야 할 일은 내가 좋아하는 것이 무엇인지 정직하게 마주하는 일. 그리고 다음은 그 좋아하는 마음을 조심스럽게 단어로, 문장으로 꺼내보는 일이다. 차근차근 단계를 밟아가며, 그렇게 하나하나 '나만의 글쓰기'를 시작해보자.

일단, 쓰고 보자

모든 것은 시작이 반이다. 운동을 하려고 마음먹고 운동복으로 갈아입고 헬스장에 향한 것만으로도 반은 한 셈이고, 글을 쓰겠다고 책상 앞에 앉아 노트북을 켠 것만으로도 이미 절반은 해낸 것이다. 하고자 마음먹고 시동을 거는 데까지 오래 걸리더라도, 괜찮다. 일단 시동만 걸리면 그 다음은 어떻게든 나아가게 되어 있다.

나 역시 누가 봐도 매력적인 첫 문장을 쓰기 위해 애쓴 적이 많았다. 다음 줄이 궁금해지는, 뒷이야기가 궁금해지는 인상적인 문장으로 시작하고 싶었다. 하지만 거기에 너무 몰입하다 보면 오히려 한 줄도 쓰지 못한 채 하얀 문서와 한참을 씨름하게 된다. 특히 책을 쓰거나 외부 원고를 청탁받았을 때는 '좋은 글을 써야 한다.'는 욕심이 더 커졌다. 그렇지만 매번 마음에 쏙 드는 글을 쓸 수는 없고, 처음부터 완벽한 문장이 나올 리도 없다. 국수 뽑듯 멋진 문장을 쭉쭉 뽑아내고 싶지만, 아쉽게도 우린 국수 뽑는 기계가 아니다.

그럴 때면 '아직 내공이 부족한 건 아닐까' 반성도 하게 된다. 그렇게 자꾸 자신을 책망하다 보면 글은커녕 자존감까지 점점 깎여간다. 글을 써야 한다는 생각조차 멀어지기 시작한다. 그렇게는 안 되겠다고, 어느 날 결심했다. 일단 뭐든 쓰자. 그게 무엇이든, 우선 한 줄이라도 써보자고. 첫 문장에서 좀처럼 나아가지 못하거나, 매력적인 문장으로 가득한 글을 쓰고 싶었던 욕심처럼 글이 따라주지 않을 때도 그냥 썼다. 혹시 나중에 다시 읽었을 때 마음에 들지 않아 모조리 지워버리게 될지라도, 일단 무언가를 쓰기 시작했다. 감정이든 상황이든, 이야기든 소재든, 심지어 장르까지도 가리지 않고 종이를 채우는 일부터 시작했다.

지금 당장 써야 할 글이 아니어도 괜찮다. 중요한 건, 쓰는 행위 자체를 이어나가는 것이다. 그래서 글을 다 쓰지 못해도, 마음에 들지 않아도, 일단 저장 버튼을 눌렀다. 밥의 뜸을 들이듯, 아직 설익은 글을 폴더 안에서 조용히 숙성시킨다. 그렇게 한 템포 쉬어간 글은 며칠 뒤 다시 꺼내보았을 때 전혀 다른 모습으로 보이기도 한다. 묘하게 더 낫게 느껴지기도 하고 다시 살릴 수 있는 가능성이 보이기도 한다. 글이 숙성되는 만큼 나 자신도 하루하루 더 숙성되어 있을 테니까. 적어도 아무것도 쓰지 않은 날보다는, 더 가까이 가 있을 테니까. 이 과정을 계속 반복하다 보면 '멋진 글을 써야지'라는 욕심보다는 '무엇이든 쓸 수 있다'는 익숙함과 자신감이 생긴다. 더 이상 하얀 화면이 두렵지 않고 글쓰기가 점점 내 일부처럼 자연스러워진다. 그렇게 어느 날, 글을 쓰는 내가 낯설지 않은 순간이 찾아온다. 그러니 일단, 뭐든 쓰고 보자. 오늘의 내가 쓴 글이 마음에 들지 않더라도 괜찮다. 일단 쓰고 저장 버튼을 꾹 누르자. 며칠 뒤면 푹 익어 더 깊어진 글과 더 단단해진 내가 기다리고 있을 것이다. 오늘의 내가 내일의 나를 믿고 용감하게 써내려가는 것. 그게 지금 우리가 할 수 있는 최선이자, 가장 확실한 방법이다.

별 일 아니야, 괜찮아
(나를 돌보며 일하기)

"실수한 적도 있었고, 고음 파트에서 삐끗한 적도 있었고. 근데 그게 마치 세상이 무너지는 것 같은 느낌을 받았어요. 나 때문에 무대가 어떻게 되는 거 아닌가…. 그때 나에게 돌아간다면 '괜찮아 태연아, 다음 무대 때 또 기회가 있어. 더 잘할 수 있어.' 라고 말해주고 싶어요."

- tvN <유 퀴즈 온 더 블럭> 121회 소녀시대 편 태연

'다시 데뷔 시절로 돌아간다면 자신에게 해주고 싶은 말은?'이란 질문에 소녀시대의 태연은 데뷔 시절의 자신을 향해 이렇게 담담하면서도 다정하게 말했다. 그 말이 묘하게, 그날의 나에게도 닿았다. '괜찮아, 다음 기회가 있어. 더 잘할 수 있어.' 마치 내 등을 가볍게 두드려주는 위로처럼, 다정한 속삭임처럼 들렸다. 왈칵 쏟아질 뻔한 눈물을 꿀꺽 삼켰다. 아마도 당시 나에게도 필요했던 말이었기에, 더 깊이 와 닿았던 것이 아닐까. 이렇게 다정의 힘은, 세다.

'하루가 어떻게 가는지 모르겠네.' 홀로서기 초반, 거의 매일 입에 달고 살던 말이다. 아침부터 정신없이 뭔가를 하다 보면 끼니도 대충 때우기 일쑤였고, 눈 깜빡할 새 하루가 저물어 있었다. 해야 할 건 많고, 하고 싶은 것도 많은데, 몸은 하나뿐이라 늘 시간은 부족하고, 마음만큼 일이 진척되지 않아 답답했다. 내가 원해서 선택한 길이었기에 불평하고 싶지

않았지만, 정말 최선을 다하고 있는데도 제자리걸음 같다는 기분이 들 때도 있었다. 어떨 땐 결과물도 내 맘 같지 않아 속상한 날도 있었다.

특히 책을 만들 때는 더더욱 그렇다. 기획부터 집필, 편집, 디자인까지 의견이 필요한 일이 정말 많다. 표지, 제목, 내부 구성 등등 까지 모든 것을 결정해야 하는 리더로서의 책임감은 생각보다 무거웠다. 새 프로젝트가 시작되면 처음부터 끝까지 스스로 지휘하고, 결정하고, 중심을 잡고 있어야 했다. 그렇게 책을 만들고, 출간에 기뻐할 즈음엔 이미 모든 에너지가 바닥나 있었다. '드디어 끝났다!'는 안도감과 함께, '진이 다 빠졌다.'는 무력감이 동시에 밀려왔다. 마치 오늘의 최선을 위해 내일의 에너지까지 모조리 당겨 쓴 기분. 중간에 지치지 않게 완급조절을 했어야 했지만, 늘 처음부터 끝까지 최선을 다해 움직였던 탓이다.

강의가 있을 때면 주제에 맞춰 자료를 준비한다. 당일 좋은 컨디션을 유지하기 위해 운동도 열심히 한다. 더 나은 이야기를 전하기 위해 자료를 정리하고, 매번 조금씩 보완하며 새롭게 다듬는다. 그럼에도 강의가 끝나면 늘 마음 한구석에 '더 잘할 수 있었는데…' 하는 아쉬움이 남는다. 그럴 때면 '아직 내공이 부족한 걸까?' 하고 스스로를 책망하거나 '왜 이것밖에 못한 거니.' 하며 몰아세우기도 한다.

실수하지 말자는, 완벽해야 한다는 생각은 야금야금 나를 갉아먹었다.

누구보다도 나를 아끼고 다독여야 할 내가, 오히려 스스로를 질책하고 있었던 것이다. 하지만 내가 나를 무너뜨려도, 결국 다시 일으켜 세워야 하는 것도 나였다. 그래서 조금씩 마음속에서 다정한 말을 꺼내 본다.

"이 정도면 충분해."
"괜찮아, 별일 아니야."
"아쉬우면 다음번에 더 잘하면 되지."
"다음이 있을까? 없대도 만들면 되잖아."

이렇게 긍정적인 생각이 서서히 부정적인 마음을 밀어낸다. 한 치의 오차 없는 완벽함보다는 정성을 다한 진심의 힘을 믿기로 한다. 내가 서 있는 이곳은 100미터 달리기가 아닌 마라톤이라는 걸 가끔 잊을 때가 있다. 그래서 이제는 뛰다가도 걷고, 지치면 잠깐 멈췄다가 적당히 외부의 에너지를 빌려가면서 완급 조절을 해가기로 했다. 그렇게 하니, 신기하게도 '다음'은 꼭 오더라.

가끔은 넘어진다. 작은 돌부리에 걸려 넘어져 엉엉 울고 싶은 날도 있다. 그럴 때면 툭툭 먼지를 털고 일어난다. '괜찮아, 별일 아니야.' 스스로 그렇게 말해준다. 누가 알아주지 않더라도, 기대만큼 해내지 못했더라도 괜찮다. 당장은 보이지 않아도 그 모든 순간들이 내 안에 켜켜이 쌓여가고 있을 테니까. 오래 전부터 소복소복, 내가 언젠가 꺼내 쓸 수 있도록 겹겹의 이불을 덮고 얌전히 그 자리에서 익어가고 있을 것이다.

당장은 보이지 않아도

그 모든 순간들이 내 안에 켜켜이

쌓여가고 있을 테니까.

서점에서의 마음,
도서관에서의 마음

도서관을 좋아한다. 어릴 적부터 마치 놀이터처럼 드나들던 곳, 종이 내음이 가득한 이 공간은 나에게 가장 포근한 장소였다. 서가를 사이에 두고 책장을 넘기는 이들의 조용한 숨소리, 고요하지만 살아 있는 그 분위기가 좋았다. 언젠가 이곳 책장 어딘가에 나의 책도 놓일 수 있을까? 책을 좋아하고, 엉뚱한 상상을 자주 하던 어린아이는 그렇게 꿈을 꾸곤 했다. 그리고 지금, 한 권 한 권 책을 만들며 그 꿈에 조심스럽게 손을 뻗고 있다.

도서관 서가에서 처음으로 내 책을 마주했던 순간의 설렘은 지금도 생생하다. 첫 책이 출간되었을 때, 도서관 홈페이지에서 책이 등록되어 있는 걸 확인하고는 가슴이 콩콩 뛰었다. 자주 가던 도서관에서 책 제목을 검색하고, 번호표를 따라 조심스레 서가로 향하던 그 길. 마치 짝사랑하던 선배를 만나러 가던 어린 시절처럼, 이상하게도 떨리고 설렜다.

그리고 마침내 책장 사이에서 내 책과 조우하던 순간, 그 작은 존재가 그렇게 당당하고 기특해 보일 수가 없었다. 손끝으로 조심스레 책등을 매만지며 마음속으로 말했다.

'민들레 홀씨처럼 멀리멀리 날아가서, 많은 이들의 손에 닿고 마음에 닿을 수 있기를.'

그 이후로도 도서관에 갈 때면 종종 내 책이 어디에 있는지 확인하곤 한다. 하지만 항상 그 자리에 있다는 건 누군가의 손에 아직 닿지 않았다는 뜻이기도 하기에, 요즘은 예전처럼 자주 찾지는 않는다. 오히려 책이 서가에 없기를 바란다. 누군가의 배낭 속에, 책상 위에, 무릎 위에, 침대 한편에 놓여 있기를. 그렇게 누군가의 일상 속에 들어가 있기를 바라고 또 바란다.

반면, 서점에 내 책이 없다는 건 어쩐지 서글프다. 단 한 권도 꽂혀 있지 않은 책장 앞에 서 있으면 세상이 내 책의 존재에 관심조차 없는 것만 같아 괜스레 마음이 저릿해진다. 하지만 냉정하게 생각해보면 하루에도 수백 종씩 쏟아지는 신간과 베스트셀러들 사이에서, 작디작은 책 한 권이 살아남는다는 건 결코 쉬운 일이 아니다. 책은 출간 이후 시간이 흐를수록 판매량이 서서히 줄어들고, 서가는 끊임없이 새로운 책들로 채워진다. 결국 독자들의 손길이 이어져야만 책은 그 자리에 계속 머물 수 있다. 그래서 이젠 책이 서점에 없다는 사실을 서운하게만 여기지 않으려 한다. 오히려 좀 더 오래오래, 독자들에게 사랑받는 책을 만들고 싶다는 다짐으로 그 마음을 전환해본다. 책이 책으로서 존재할 수 있게 해주는 건 결국 독자들이니까.

도서관에서의 감정은 또 다르다. 책이 너무 깨끗한 상태면 어쩐지 조금 머쓱해진다. 아직 많은 이들의 손길을 거치지 않았다는 의미일지도 모르기 때문이다. 반면, 여기저기 모서리가 닳고 책등이 약간 벌어져 있는 책을 보면 반가운 마음이 인다. 많은 사람들이 대출하고 반납하며 책을 함께 나누었다는 흔적일 테니.

하지만 그런 책이 만약 서점에서 발견된다면 이야기는 달라진다. 서점에선 책이 깨끗하고 단정해야 한다. 모서리가 찍히거나 조금이라도 더러움이 있으면 선택받지 못할 가능성이 높다. 실제로 온라인 서점에서는 사소한 흠집으로도 반품되는 책들이 많다. 마치 '용모단정'이 책의 덕목이 되어버린 듯하다. 그래서 책이 출간되면 가장 먼저 서점에 간다. 첫 등교를 마친 아이를 살펴보듯, 조심스럽게 우리 책을 찾아가 안부를 묻는다. 상한 데는 없는지 무사히 서점 데뷔는 했는지 살펴본 뒤, 조용히 책등을 한 번 쓰다듬고 나온다. 두근거리는 마음과 함께 안도감이 밀려든다. 그리곤 다시 묵묵히 출간 후의 일들을 하나하나 해나가는 것이다.

이처럼 같은 책이라도 서점과 도서관에서 마주하는 감정은 조금씩 다르다. 하지만 어디에 있든, 어떻게 읽히든, 바라는 마음은 늘 같다. 우리가 뿌린 책이라는 작은 씨앗이 누군가의 마음에 닿고, 널리 퍼져 각자의 자리에서 조용히 꽃피기를. 그런 소망을 품으며 오늘도 다시 책이라는 작은 집을 짓고, 이야기를 담아본다.

캐러멜라이징의 시간

양파를 잘게 썰어 갈색이 될 때까지 달달 볶는 캐러멜라이징. 이 과정을 거치면 양파의 맛은 단순히 달달해지는 걸 넘어, 훨씬 더 깊고 풍부해진다. 내가 캐러멜라이징을 하기 시작했다는 건, 무언가 걱정이 있다는 의미다. 도무지 막막해서 견딜 수 없을 때, 달큰한 향과 따뜻한 색으로 가득한 냄비 안 갈색빛 세상으로 도망치고 싶어진다. 어떤 시작을 앞두고 있거나, 중요한 결정을 내려야 하거나, 마무리를 앞둔 시점일 때. 혹은 설명하기 힘든 불안이 어렴풋이 마음에 내려앉을 때. 여기가 아닌 어딘가로 도망치고 싶을 때, 나는 양파를 찾는 것이다.

양파를 까고, 알맞은 크기로 자르고, 팬에 올려 기름을 두르면 그제야 마음도 조금씩 가라앉기 시작한다. 처음엔 뽀얀 양파가 냄비 안을 가득 채우지만 시간이 지날수록 은은하게 갈색으로 물들고, 부드럽고 단단한 향이 주방을 채운다. 나에게 이 캐러멜라이징은 생각이 너무 많을 때 머리를 비우기에 딱 좋은, 요리를 넘어선 '의식' 같은 시간이다. 심지어 하다 보면 달콤한 결과물까지 나오니 고맙고 기특할 수밖에.

하지만 캐러멜라이징도 그저 내버려둔다고 되는 것만은 아니다. 타지 않게 노릇노릇 예쁜 갈색이 되는 적절한 타이밍에 뒤적뒤적해줘야 한다. 한쪽에 너무 몰리지 않게 균등한 갈색빛이 되도록 적당히 뒤적뒤적, 또 뒤적뒤적, 냄비 속 양파와 이런 단순한 리듬을 나눈다. 그러다보면 하얀 빛의 양파가 가득했던 냄비는 어느새 갈색빛으로 가득해진다. 막연할 정도로 심플했던 재료가 그럴 듯해지고, 조금씩 무언가 완성물이 눈에 보이기 시작한다. 신기하게 그때쯤엔 복잡했던 머릿속도 제법 정돈이 돼있다. 양파와 나눈 단순한 리듬 속, 마음의 소란도 제자리를 찾은 것이리라. 아무 계획 없이 무작정 캐러멜라이징을 시작했지만, 어느 순간 나는 무언가를 완성해내고 있다. 나의 불안을, 막막함을, 고요히 볶아내는 시간. 그래서일까. 갈색빛으로 변해가는 양파를 보고 있으면 내가 조금 더 단단해진 것 같은 기분이 든다. 막연했던 불안과 복잡함이 어느새 향기로운 결과물로 바뀌고 있는 것을 바라보며, 마음속 어지러운 감정 하나를 조용히 달래본다.

이렇게 캐러멜라이징된 양파는 그 자체로도 참 맛있지만, 카레를 만들었을 때 그 진하고 녹진한 풍미를 더욱 잘 살려준다. 오랜 시간 달달 볶은 양파에서 우러나온 단맛과 깊은 향은 카레에 완벽히 녹아든다. 캐러멜라이징과 카레는, 이를테면 영혼의 단짝이다. 그래서 내가 양파를 볶기 시작한 날이면, 그날 저녁엔 맛있는 카레를 먹을 수 있다는 의미이기도 하다. 외갓집에서 정성껏 길러 보내주신 감자와 당근을 큼직하게 숭덩숭덩 썰어 넣어 카레를 완성한다. 대단한 레시피나 비법 없이도, 양파에 정성을 들였다는 이유 하나만으로 카레는 늘 실패 없이 맛있게 완성된다. 시간을 들이고 마음을 들였다는 건 그 자체로 결과를 기대할 수 있는 근거가 되어주니까.

뜨끈한 쌀밥 위에 진한 카레 한 숟가락을 올려 먹는 순간, 입 안 가득 퍼지는 향에 나도 모르게 미소가 번진다. 언제 그렇게 막막한 마음이 들었는지도 잊은 채, 다시 뭐든 해낼 수 있을 것 같은 용기가 생긴다.
다행히도 고민은 혼자 오지 않았다. 가끔은 이렇게 맛있는 카레도 함께 데리고 오니까. 그렇기에 가슴 속에 엉켜 있던 근심과 고민의 실타래도, '카레의 시간'으로 받아들이면 그리 답답하게만 느껴지지 않는다.

요리는 참 정직한 작업이다. 처음엔 그저 재료만 늘어놓았을 뿐인데, 상상도 못했던 요리가 탄생한다. 사부작사부작 재료를 손질하고, 익히고, 기다리는 시간을 지나 완성되는 한 접시는 그간의 시간과 노력을 고스란히 담고 있다. 요리에 들인 정성은 절대 숨겨지지 않는다. 그러니 마음이 복잡하고, 어떤 결과물이 필요하다는 생각이 들 때면 나는 단순한 요리지만 확실한 위안을 주는 카레를 만든다. 그러면서 나의 결과물도, 어쩌면 이런 식으로 완성되어 가고 있는 건 아닐까 상상해보는 것이다. 지금의 고민은 머릿속에서 재료를 다듬고 정성들여 캐러멜라이징 과정을 거치는 시간이리라, 그러다 문득 맛있는 카레가 완성되리라, 하며 말이다.

오늘의 예쁜 단어

tvN 드라마 <사랑의 불시착>에서 윤세리(손예진 역)는 리정혁(현빈 역)에게 방울토마토 화분을 선물로 주며, 방울토마토에 예쁜 말을 들려줘야 예쁘게 자란다고 말한다. 하루에 열 개씩, 예쁜 단어들을 꼭 들려줘야 한다고. 그 말에 리정혁은 곰곰이 고민한 끝에 '햇빛, 진달래, 양털구름, 이슬, 삼색고양이, 피아노...'를 조심스럽게 읊조린다. 그의 마음속에 자리 잡은 예쁜 단어들이었다.

그 장면을 보며 문득 생각했다. 나라면 방울토마토 나무에 어떤 말을 들려줄까? 내가 생각하는 예쁜 단어는 무엇일까? 한참을 고민하다 나도 모르게 웃음이 났다. 당시 내가 떠올린 예쁜 단어들이란 '탈고', '마감'이었기 때문이다. 한창 원고 마감을 앞두고 있던 터라, 탈고는 그야말로 미지의 이상향처럼 눈부시게 아름다운 단어로 다가왔다.

작가일 때는 '탈고', '중쇄'가, 출판사 대표일 때는 '주문', '납품' 같은 단어들이 달콤하게 들린다. 마케터의 입장일 땐 '조회수', '전환율', 회계 담당일 땐 '입금', '정산' 같은 말들이 유독 아름답게 들리기도 한다. 듣는 사람에 따라, 처한 위치와 상황에 따라 예쁘게 들리는 단어는 이토록 달라진다. 가끔은 그런 내가 신기하다. 혼자서 이렇게나 많은 가면을 쓰고 있구나 싶다가도 그런 순간들이 유쾌하고 즐겁다. 내가 해야 할 일이 많다는 건, 곧 내가 할 수 있는 일들이 많다는 뜻이기도 하니까.

앞으로도 지금껏 그래왔듯, 그때그때의 역할에 맞는 예쁜 단어들을 마음속으로 천천히 읊조리며 살아가고 싶다. 그러는 동안 내 안의 방울토마토들도 조용히 반짝이며 익어갈 것이다.

때로는 눈앞에 보이고 수치로 읽히는 일임에도 불구하고 스스로 내려놓는 순간도 있다. 감당할 수 없는 수준이라면 애초에 받아들이지 않기로 했기에. 내 마음이 버거워지지 않도록, 내가 즐겁게 감당할 수 있는 만큼만. 그 정도만 벌리고 그 정도만 채우며 살아가고 싶다.
달려야 할 땐 힘껏 달리고 힘들 땐 스스로를 멈추어줄 수 있는 삶. 딱 그 정도의 균형으로 말이다. 그렇게 오늘도, 나만의 예쁜 단어 하나를 조용히 마음에 담아본다.

아무것도 하지 않는 '탕진의 날'

그런 날이 있다. 해야 할 일은 산더미처럼 쌓여 있는데, 아무것도 손에 잡히지 않는 날. 혼자 일하기 시작하면서 스스로에게 가장 먼저 한 다짐은 '나태해지지 말자'였다. 생활 패턴은 회사에 다닐 때처럼 유지하고 마감이 없어도 루틴은 꼭 지키자. 매일 아침 체크리스트를 만들고, 운동도 하고, 글도 쓰자. 그렇게 하루를 정리해나갔다. 흐지부지 보내버릴까 봐 오히려 초반에는 더 독하게, 회사를 다닐 때보다 더 엄격하게 나 자신을 채찍질했다.
하지만 사람 마음이 어디 늘 똑같을 수 있을까. 그러다 가끔, 문득 지치는 날이 온다. 책상 앞에 앉아도 능률은 오르지 않고, 자꾸만 딴 짓만 하게 되는 날. 제대로 일한 것도, 그렇다고 온전히 쉰 것도 아닌 애매한 시간이 흐르고 나면, 하루가 끝날 무렵엔 이런 생각들이 밀려온다.

"오늘 나는 뭘 한 거지?"
"이럴 거면 그냥 확 쉬기나 할 걸. 아냐, 이렇게 바쁜데 어떻게 그래."

논 것도 아니고, 일한 것도 아닌 하루. 초조함은 그대로인데 성과는 없고, 마음은 점점 더 조급해진다. 회사라면 퇴근이라는 구분이라도 있지, 1인 기업은 일이 끝나야 퇴근이고, 일이 끝나지 않으면 휴일도 없다. 어느 순간 울컥, 억울한 마음이 밀려온다.

"내가 이러려고 퇴사했나?"

그럴 땐, 과감히 '제껴야 한다.' 출퇴근도, 정해진 휴일도 없는 삶을 살다 보니, 쉬는 데도 기준을 두고 싶지 않았다. 그래야 바쁜 날에도 버틸 수 있다. '이 일만 끝나면, 한껏 쉬어야지!' 기대하는 마음 하나는 늘 있어야 하니까. 그렇게 다 쏟아 붓고 난 뒤에 맞이하는, 아무것도 하지 않는 하루. 나는 그걸 '탕진의 날'이라 부른다.

하루 종일 고양이들과 뒹굴뒹굴하거나, 밀린 드라마와 영화를 실컷 보고, 책상 앞이 아닌 침대 위에서 하루를 보낼 수 있는 날. 아껴두었던 와인을 마시고, 미술관에서 하루 종일 시간을 보내거나, 뜬금없이 오락실에 들르거나, 평소 미뤄뒀던 일들을 마음껏 해도 되는 날. 탕진의 날엔 뭐든 해도 된다. 맛있는 음식을 사 먹어도, 멀리 나가도, 그냥 늘어지게 쉬어도 괜찮다. 정해진 틀도, 눈치도 없는 그런 날. 시간에 구애받지 않고 마음껏 하고 싶은 것을 하다 보면, 내 안의 갇혀있던 무언가가 해소되는 일련의 해방감을 느낄 수 있다.

어릴 때부터 금기어처럼 들리던 '탕진'이란 단어. 이제 어른이 되어 누구의 눈치도 보지 않고 내가 정한 방식대로 탕진의 날을 보내고 있다. 신기하게도 그렇게 하루를 푹 쉬고 나면, 다시 일상이 시작돼도 훨씬 덜 힘들게 느껴진다. 고비를 하나 넘기고 나면, 저 너머 어딘가엔 또 다른 탕진의 날이 달콤한 꿀단지처럼 나를 기다리고 있을 테니까.

이렇게 집중도 안 되고, 좀처럼 능률이 오르지 않던 어느 날. 마감은 코앞인데 몸과 마음이 도무지 따라주질 않았다. 그런데 하필 날씨는 또 어찌나 좋은지. 아침부터 햇살이 자꾸만 나를 바깥으로 불러냈다. 그래, 잠깐 바람이나 쐬자 하고 가볍게 나선 산책길. 그런데 마침 눈앞을 지나가던 버스 한 대, 그 전광판에 '창덕궁'이라는 글씨가 또렷하게 들어왔다.

"여기서 창덕궁까지 버스로 한 번에 갈 수 있구나."
"한번, 가볼까?"

생각이 그렇게까지 다다른 건 정말 순식간이었고, 동시에 무척이나 충동적이었다. 가벼운 차림이었지만 지갑과 휴대폰, 교통카드만 있으면 어디든 갈 수 있을 것 같았다. 결국 홀린 듯 버스에 몸을 실었다. 정류장에서 창덕궁까지는 한 시간 남짓, 시내를 비롯해 다양한 동네를 지나는 코스였다. 평소 같으면 지루하다고 생각할 시간이고, 코스였지만 지금 상황에선 오히려 좋았다.
오랜만에 창밖을 구경하며 여유롭게 가는 길. 커다란 차창 너머로 봄의 풍경이 흘러가고, 마음은 여행자가 된 양 가볍고 낯설었다. 이렇게 시간에 쫓기지 않고, 목적지를 명확히 정해두지 않고, 그저 두루뭉술하게 버스에 올라탄 적이 있던가. 겨울에서 봄으로, 계절은 이미 바뀌어 있었구나. 한동안 작업실에서 일만 하느라 봄이 온 줄도 몰랐다.

한 시간이 지나 도착한 창덕궁 앞은 평일 오후인데도 관광객들로 북적였다. 한복을 입은 사람들, 외국인 관광객들, 소풍 나온 아이들. 조용한 궁궐 산책을 상상했지만 역시 관광지는 관광지다. 생각해보니 창덕궁에 온 건 초등학교 소풍 이후 처음이었다. 몇십 년이 지나 다시, 그것도 마감을 앞두고 찾아올 줄이야. 어른의 세계는 때로 이렇게 복잡하고 미묘하다.

그렇게 정처 없이 궁 안을 거닐다가, 유독 사람들이 많이 몰려 있는 장소 하나를 발견했다. 홍매화가 흐드러지게 피어 있는 경내였다. 모두가 카메라를 들고 매화를 찍느라 분주한 가운데, 특히 눈에 들어오던 한 사람이 있었다. 작고 마른 몸의 할머니 한 분이, 아주 큰 줌렌즈가 달린 카메라를 목에 걸고 연신 셔터를 눌러대고 있었다. 버킷햇을 눌러쓴 머리에는 은빛 머리칼이 멋지게 반짝였고, 그보다도 총기 넘치는 눈빛으로 촬영에 임하는 모습이 인상 깊었다. 모두가 꽃을 볼 때, 나는 할머니를 보며 미소 지었던 것 같다. 나도 나중에 저렇게 멋진 할머니가 되고 싶다고 생각하면서.

그렇게 한두 시간쯤 천천히 창덕궁을 거닐었을 뿐인데, 아침 내내 소란하고 복잡하던 마음이 조금씩 가라앉았다. 머릿속을 지배하던 고민들도, 시간이 지나자 그리 대단한 일은 아니었던 것처럼 느껴졌다.

왜 하필 창덕궁이었을까. 사실 어디든 좋았다. 집 근처 산책길이라는 선택지도 있었겠지만, 오늘은 조금 더 멀리, 평소에 잘 가지 않는 곳으로 가고 싶었다. 일상으로부터의 탈출, 아니 현실도피에 가까운 마음이었다. 비현실적인 공간으로의 이동이 필요했다. 그래야 무너질 듯한 나를 다시 붙잡을 수 있을 것 같았으니까.

가끔은 그런 시간도 필요하다. 도망치고 싶을 때, 나를 어딘가로 데려가 주는 것. 아무것도 하지 않는 '탕진의 날'을 보내면서 말이다. 실컷 탕진한 힘으로, 실컷 집중하기 위하여.

마음이 어지럽고 소란할 땐, 몸을 움직이자

혼자 일하기 시작하면서 생활 패턴에도 몇 가지 변화가 생겼다. 그중 하나는 바로 운동이다. 회사를 다닐 땐 운동이란, 살을 빼기 위한 달콤하고 말랑한 목적이 대부분이었다. 하지만 이제는 좀 더 현실적으로, 오래 버티기 위한 힘을 기르려는 체력 보수용의 운동으로 바뀌었다. 글을 쓰고, 편집을 하고, 강의를 하고, 촬영까지도 해내야 하는 1인 기업에게 체력은 그야말로 필수 덕목이기 때문이다.

주로 러닝이나 자전거 타기, 스텝 밀 같은 유산소 운동을 즐긴다. 단순한 동작의 반복이 잡념을 정리하는 데 탁월하기 때문이다. 특히 큰 프로젝트를 앞두거나 마감이 코앞일 때, 마음이 어지럽고 소란스러울수록 몸을 움직이는 것만큼 좋은 해소법은 없다.

아까까지만 해도 노트북 앞에서 죽상을 하고 앉아 있던 내가, 언제 그랬냐는 듯 땀을 뻘뻘 흘리며 열심히 뛰고 있는 모습을 보고 있노라면 스스로도 신기하다. 반복되는 몸의 정직한 움직임 앞에서는 복잡한 고민도, 번뇌도, 일시적으로 자취를 감춘다. 아니, 생각할 틈조차 없어지는 것이다.

잘 풀리지 않던 문제가 있을 때, 그 앞에서 계속 끙끙대기보다는 잠시 덮어두고 다시 돌아와 바라보는 편이 훨씬 수월할 때가 많다. 마치 나와는 상관없는 일처럼, 멀찍감치 떨어진 거리에서 문제를 바라볼 수 있을 때. 오히려 더 쉽게, 가볍게, 해답이 다가오곤 한다.

요즘은 기구를 이용한 근육 운동에 주력하고 있다. 그동안은 유산소 운동에만 치중해왔는데, 어느 순간부터는 근력을 키우는 데에도 부쩍 관심이 생겼다. 무게를 하나씩 늘려갈 때마다 마치 새로운 도전을 하는 기분이다. 말랑하기만 하던 팔뚝에 조금씩 단단한 감촉이 느껴질 땐, 제법 뿌듯하기까지 하다.

자그마한 변화지만, 내 몸에 근육이 늘어날수록 마음도 함께 단단해지는 것만 같다. 어떤 날엔 무력함이, 어떤 날엔 예상치 못한 소란이 몰려오기도 하지만, 그럴수록 마음의 근육을 함께 키우고 있다는 생각이 나를 버티게 한다.

어제는 힘들었던 것이 오늘은 가능해질 때, 하루하루 조금씩 나아가고 있는 스스로를 느낀다. 눈에 띄지 않더라도 내 몸과 마음은 조금씩 건강해지고 있고, 나의 가능성은 서서히, 그러나 분명하게 확산되고 있다.

마치 나와는 상관없는 일처럼,

멀찌감치 떨어진 거리에서 문제를 바라볼 수 있을 때.

오히려 더 쉽게, 가볍게, 해답이 다가오곤 한다.

마감전야

마감.

놀고 싶고, 쉬고 싶고, 쓰는 것을 둘러싼 무용한 일들만 하고 싶은 나와, 그런 나를 이겨내고 어떻게든 써야만 하는 나 사이의 싸움.

아이러니하게도 무용한 내가 늘 힘이 세다. 그렇다. 아무 쓸모없는 것처럼 보이는 것들이 은근히 고집이 세고, 자꾸 나를 끌어당긴다. 문득 생각한다. 나는 얼마나 오랜 시간 이 무용한 나에게 힘을 실어주며 살아왔던 걸까. 하지만 그래도 써야 한다. 마감은 곧 약속이고, 약속은 반드시 지켜야 하니까. 해야 하는 건, 결국 해야만 한다.

일단 책상에 앉는 것. 최대 목표는 나 자신을 책상에, 노트북 앞에 앉히는 것이다. 놀고 싶다고 징징대는 나를 어르고 달래, 마침내 의자에 앉히고 노트북을 펼친다. 여기까지 왔다면 팔 할은 성공한 셈이다.

그러나 문제는 그 다음이다. 노트북을 켜자마자 유튜브에 손이 가고, 인터넷 창에 자꾸 눈길이 간다. 이제는 마감 앞의 사방이 죄다 적이다. 나태와 미루기의 군단들이 눈앞에 진을 치고 있다.

그럼에도 불구하고, 나는 또 오늘의 마감을 넘긴다. 다양한 모습으로 나를 방해하는 적들을 하나씩 물리치며, 결국은 또 한 페이지를 쓴다. 매번 작고 치열한 승리다. 그렇게 오늘도 나는 마감을 향해 걷는다.

어제보다 조금은 더 단단해진 마음으로.

도망친 곳에 천국은 없다

글을 쓰고, 강의를 하고, 콘텐츠를 만드는 일을 하다 보면 마감은 늘 따라온다. 그것도 하나씩 오는 법이 없다. 대개 파도처럼 한꺼번에 몰려와 정신을 바짝 차리지 않으면 도미노처럼 밀리고 밀려 나를 덮쳐온다. 그래서 마감 하나하나를 꼼꼼하게 지키는 일은 선택이 아닌 생존의 문제다.

정말 바쁠 땐 하루에도 몇 건씩 마감을 해야 할 때가 있다. 그럴 땐 정말이지 울고 싶었다. 고양이 발이라도 빌릴 수 있다면 빌리고 싶었다. 하지만 대신할 수 있는 사람은 없었고, 결국은 모두 내 손을 거쳐야만 했다. 나는 아무리 바빠도 잠만은 줄이지 않는 타입이었지만, 그 시기엔 수험생처럼 잠을 쪼개고 새벽같이 일어나 일을 시작했다. 그 와중에도 버틸 수 있었던 건, 이 바쁨조차 언젠가 끝이 날 수 있다는 생각 때문이었다. 프리랜서로 오래 일해 보면 알게 된다. 일이란 건 이상할 정도로 몰아칠 땐 한 번에 몰리고, 없을 때는 또 언제 그랬냐는 듯 수돗물 잠그듯 딱 끊길 수도 있다. 그러니 할 수 있을 때 해야 하고, 몰아칠 때는 온몸으로 버텨야 한다.

그렇게 분주한 계절이 지나고, 겨울이 왔다. 겨울은 언제나 조금 한가롭다. 아침잠이 많은 내겐 정말 고마운 계절이다. 이 시기에는 그동안 미뤄두었던 책도 읽고, 보고 싶었던 영화와 드라마도 몰아본다. 좋아하는 와

인도 꺼내 마시고, 고양이들과 늘어지게 늦잠도 잔다. 규칙적인 출퇴근이 없는 나의 생활엔 이런 '텅 빈 시간'이 필요하다. 바쁠 때 억울하지 않으려면, 쉴 수 있을 때 푹 쉬어둬야 한다.

그래서 이 시기에는 오히려 일부러 게으름을 피운다. 일은 최소한으로 줄이고, 미룰 수 있는 일들은 가볍게 미뤄둔다. 시간에 쫓겨 대충 때웠던 끼니도 정성껏 요리해서 먹고, 살까 말까 망설였던 것들도 사버리고, 정말 이래도 되나 싶을 정도로 느긋하게 하루를 보낸다. 그렇게 보내는 한 달은 달콤하다. 이렇게 단순하게 사는 것도 괜찮구나, 싶다.

하지만 한 달이 지나고 나면 얘기가 달라진다. 각종 명세서가 줄지어 날아오고, 느긋하게 게으름을 피우며 보냈던 시간은 고스란히 숫자로 돌아온다. 성실히 일한 이에게는 보상이 오지만, 쉬기만 한 자에겐 그저 '명세서의 시간'일 뿐이다. 쓴 건 많은데, 들어오는 건 없다. 아차, 일한 게 없구나.

역시, 도망친 곳에 천국은 없었다. 씨를 뿌려야 새싹이 돋고, 열매가 열린다는 건 너무나도 단순한 진리인데, 나는 또 한 번 그 진리를 몸소 겪고 나서야 비로소 받아들인다. 그래서 다시 정신을 바짝 차리고, 신발 끈을 단단히 조여 맨다. 이제 다시, 세상 밖으로 뚜벅뚜벅 걸어 나갈 시간이다. 때로는 짧은 전력질주처럼, 때로는 지루한 오래달리기처럼 이어지겠지만, 괜찮다. 중요한 건 내가 지금 이 트랙 위에 있다는 것. 그 사실만으로도 다행이다. 언젠가는 또 겨울이 오고, 다시 달콤한 쉼이 허락될 테니까. 그러니 오늘은 한 걸음 더, 천천히 그리고 꾸준히. 다시 시작되는 하루의 리듬 속에서, 나는 또 내 속도를 찾아가기로 한다.

다정함은 나에게서 너에게로

사람 마음이란 참 이상하다. 똑같은 하루를 살고 있어도 어떤 날은 툭 치면 쓰러질 것처럼 마음이 간들간들 약해지고, 또 어떤 날은 무쇠라도 씹을 듯한 용기가 솟아오르기도 한다. 매일매일 용기가 가득한 날들이 이어진다면 얼마나 좋을까 싶지만, 안타깝게도 마음이 붕 떠 있고, 어디론가 숨고 싶은 날들이 조금 더 많은 것 같다.

어딘가에 있는 문을 찾아, 닫혀 있던 문을 조심스레 열고, 그 안으로 조용히 들어가 문을 닫는 것까지. 그저 무언가를 향해 달려가고, 결국엔 해내는 일. 거창한 프로젝트가 아니더라도, 하나의 문을 열고 또 닫는 일은 생각보다 쉽지 않다.

'매듭을 짓다'라는 말처럼, 펼쳐 놓은 일들을 야무지게 그러모아 하나의 매듭으로 완성하는 일. 특히 마감이 있는 일들을 끝내는 것은 더더욱 그렇다. 데드라인이 가까워질수록 도망치고 싶고, 숨고 싶은 마음을 다독여가며 결국 해낸다는 건, 분명한 인내심과 책임감을 요구한다. 그래서 마침내 해냈을 때, 가장 듣고 싶은 말은 단 하나다.

"수고했어. 애썼어."

하지만 생각보다 이 말을 듣기는 쉽지 않다. 우리는 어쩐지 칭찬에 너무 인색하다. 따뜻한 말 한마디 건네는 데 큰 에너지가 필요한 것도 아닌데,

참 아끼고 또 아낀다.

처음엔 서운했다. 나도 사람이니까. 백을 주면 적어도 오십쯤은 돌려받고 싶은 마음이 들기도 했다. 하지만 돌아오는 건 많지 않았고, 어느 순간부터는 기대하지 않게 되었다. 대신 내가 받고 싶었던 다정함을 누군가에게 먼저 건넨다. '자, 이게 내가 받고 싶었던 다정이야.' 하고.

신기하게도 내가 주는 건데도, 마치 내가 받은 것처럼 마음이 따뜻해진다. 다정함이란 그렇게 신기하고 묘한 힘을 가졌다. 굳어 있던 얼굴에 작은 미소가 번지는 걸 보면, '그래 뭐 어때, 웃으면 됐지.' 하며 나도 덩달아 웃게 된다.

그래서 오늘도 나는 누군가에게 작은 다정을 건넨다. 세상을 조금씩 따뜻하게 바꿔갈 다정함의 힘을 믿으며.

작은 책, 큰 꿈

2024년 10월 일본 홋카이도 출장 중이었던 어느 날, 기쁜 소식이 들려왔다. 바로 한강 작가의 노벨문학상 수상 소식이었다. 급히 일정을 조정해 서점으로 향했다. 뉴스를 보니 도쿄에서는 한강 작가의 책들로 매대가 빠르게 구성되고 있다고 들었기에, 혹시 여기도 그러려나 싶었다. 중심지가 아니라 아직이려나, 마치 타국에 사는 친구를 만나러 가는 듯 두근대는 마음을 부여잡고 향한 서점에는 아쉽게도 아직 정식 매대가 꾸려지지 않았다. 쿵쾅대는 내 마음과는 달리 조용한 서점. 그 한가운데에서 이렇게 외치고 싶은 마음을 꾹 눌렀다. '여러분, 대한민국의 한강 작가가 노벨문학상을 받았어요!' 하고. 현실에서는 그저 조용히 한강 작가의 책을 매만지고 돌아섰을 뿐이지만, 그 순간만큼은 온몸이 들떠 있었다. 상을 받은 건 한강 작가였지만, 그와 더불어 우리의 가능성도 함께 수상한 것만 같았으니까.

제1호가 생겼으니, 2호, 3호도 분명히 나올 수 있다. 먼 길을 먼저 내달린 누군가가 있다는 사실만으로도 길은 훨씬 가까워지고, 가능성은 무한히 확장된다. 그리고 그 가능성은 조용한 서점 안, 두 손에 들린 책 속에서도, 내 가슴 속에서도, 묵묵히 자라고 있었다.

작은 책 한 권을 만드는 일이 세계 어디에선가 문득 펼쳐질 수 있다는 걸. 언젠가 누군가에게, 그 책 한 권이 또 다른 꿈의 시작이 될 수 있음을 믿으며.

첫 발자국이 길이 될지도 몰라서

누구의 발자국도 찍히지 않은 새하얀 눈길 앞에 선다는 것. 어린 시절엔 그것만으로도 충분히 설레는 일이었다. 뽀드득뽀드득, 새벽 눈 위에 처음으로 발을 내딛는 기분이 좋아 졸린 눈을 비비며 아침 일찍 일어나던 기억. 그때는 그것이 그저 낭만이었고, 마치 나만의 세상을 처음으로 열어보는 듯한 설렘으로 가득했다.

하지만 어른이 되어 다시 마주한 눈길은 사뭇 다르게 다가온다. 누구의 발자국도 없다는 건 곧 따라갈 길이 없다는 뜻이 되고, 어디로 향해야 할지조차 가늠할 수 없다는 뜻이 된다.

고요한 흰 풍경 속에서 나는 혼자, 방향도 확신도 없이 선 채로 묵묵히 걸음을 떼야만 한다. 함께 달리는 이가 있다면 앞서거나 뒤서거나 서로의 속도를 참고할 수 있을 텐데, 지금 이 길엔 아무도 없다. 내가 어디쯤 와 있는지도 모르겠고, 맞게 가고 있는지도 알 수 없다. 그저 내 속도대로, 내 호흡대로, 지금 할 수 있는 만큼만 걸어갈 뿐이다.

어떤 날은 이런 생각이 문득 고개를 든다.

"이 길이 맞긴 한 걸까?"
"다른 사람들은 넓고 환한 길을 함께 걷고 있는 건 아닐까?"
"혹시 나만 이 외진 길을 고집하는 건 아닐까?"

외로움보다 더 두려운 건 그런 의심이었다. 그럼에도 멈출 수 없었던 건, 그 길은 내가 선택한 길이었기 때문이다. 돌아보면 꽤 먼 곳까지 와 있었다. 내가 미처 눈치 채지 못할 만큼 열심히, 그리고 부지런히 걷고 있었던 것이다. 외롭다고만 생각했다면 이만큼 오지 못했을지도 모른다. 누군가의 시선이나 박수를 바라지 않고도 한 걸음씩 나아간 그 시간이 있었기에, 지금 나는 또다시 새하얀 눈 위에 선다.

몇 번이고 마음이 새하얘지는 순간들을 지나왔다. 불안과 두려움, 설렘이 동시에 몰려오는 그 묘한 시간들. 그럴 때마다 스스로 주문처럼 속삭인다.

"잘할 수 있어. 해봤으니까, 또 할 수 있어."

오늘도 깊게 숨을 들이쉬고, 조심스레 첫 발을 내딛는다. 저벅저벅, 누군가의 발자국은 없지만 내가 걷는 이 길이 곧 길이 될 거라는 믿음으로. 그렇게, 멈추지 않고 앞으로 나아간다.

누군가의 시선이나 박수를 바라지 않고도

한 걸음씩 나아간 그 시간이 있었기에,

지금 나는 또다시 새하얀 눈 위에 선다.

"언제나 불가능해 보인다. 해낼 때까지는."

(It always seems impossible until it's done.)

- 넬슨 만델라 (Nelson Rolihlahla Mandela)

part. 3

말
하
다

: 강연가

시작하기 전에는 모든 것이 불가능처럼 느껴진다.
그러나 해낸 순간, 불가능은 사라지고 새로운 길이 열린다.

배낭 하나 둘러 메고, 강연 여행

강의 자료가 담긴 USB, 텀블러, 비타민과 초콜릿 몇 알, 네임펜과 볼펜, 그리고 노트 하나. 이렇게 단출하게 챙긴 배낭을 메고 나는 오늘도 길 위에 선다. 강원도부터 제주도까지, 전국 방방곡곡으로 강의를 다니는 일상. 어쩌면 일상이 아닌, 매번 작은 모험처럼 느껴지는 이 여정은 오래전부터 혼자 여행 다니는 걸 좋아했던 나의 성향과도 꼭 맞닿아 있다.

대부분 혼자 움직이기에 운전은 하지 않고 주로 대중교통을 이용한다. 지하철과 버스는 기본이고, 장거리는 KTX나 고속버스를 타고, 더 멀리 갈 땐 비행기도 탄다. 작은 배낭 하나를 등에 메고, 마치 여행을 떠나는 사람처럼 떠나는 강의 일정. 목적지는 다르지만 마음은 늘 조금 들떠 있다.

익숙한 지역을 다시 찾기도 하지만, 강의 덕분에 처음 가보는 도시들도 많아졌다. 캠핑으로 전국 곳곳을 다녔다고 생각했지만 캠핑장이 주로 자연에 인접한 곳에 있는 데 반해, 강의는 도심 속 도서관이나 문화공간으로 향하는 일이 많다. 이렇게 같은 지역이라도 새로운 관점으로 바라보니 또 다른 도시처럼 느껴지곤 한다.

게다가 단순한 여행이 아니라, 누군가에게 나의 이야기를 전하러 간다는 사실이 늘 특별하다. 감사한 마음으로 짐을 꾸리고, 강의 자료를 펼쳐보며 KTX 안에서 조용히 준비하는 시간. 창밖으로는 정거장마다 사람들이 타고 내리고, 그 흐름 속에 어느새 자연스럽게 녹아든다. 매번 새로운 곳으로 향하는 길 위에서, 오늘도 나는 작고 단단한 나의 이야기를 들고 간다. 마치 낯선 도시와의 첫 인사를 건네는 사람처럼.

강의만 하고 금세 돌아가기엔 늘 아쉽다. 그래서 일부러 앞뒤로 여유 있게 시간을 두고 움직인다. 주로 오후나 저녁 강의가 많아, 오전부터 천천히 동네를 돌아보고, 지역 음식을 맛보고, 조용한 카페에 자리를 잡고 강의 준비를 한다. 바쁜 일상 속, 잠시나마 여행자의 마음으로 하루를 보내는 이 시간이 좋다. 그렇게 도시의 공기와 풍경을 충분히 들이마신 뒤 강의장으로 들어서면, 왠지 청중들과도 더 잘 연결되는 기분이 든다. 내 이야기가 더 부드럽고 편안하게 흘러나오는 이유도 아마 그런 마음 덕분일 것이다.

그렇기에 강의 일정이 잡히면 지도 어플을 켜 들고 도보 이동 가능한 음식점을 먼저 검색해본다. 근처에 재래시장이 있다면 더없이 좋다. 살아있는 풍경들, 분주하게 오가는 사람들, 신선한 제철 농산물들이 어우러진 시장은 그 자체로 계절을 느끼게 해주는 풍경이 된다. 시간이 넉넉하거나 배낭에 여유가 있다면, 꼭 한두 가지는 사 온다. 두 손 가득 채울 수는 없지만, 한 주먹만큼의 여유로움은 충분히 챙긴다. 그 소소함이 나에겐 가장 어울리는 '시장 구경'이다.

강의를 앞두고 나만의 작은 루틴이 하나 있다. 바로 '한 끼는 꼭 그 지역의 명물을 맛보기'다. 가령 부산에서는 돼지국밥을, 포항에서는 시원한 물회를, 천안에서는 호두과자와 마늘떡볶이를, 대전에서는 성심당의 빵을, 그리고 영주에서는 매콤한 랜드로바 떡볶이를 즐기는 것 등이다. 메뉴는 늘 소박하지만, 나에겐 아주 특별한 의식 같은 일이다.
혼자 다니다 보니 대부분 혼밥이지만, 그렇기에 오히려 식사의 만족도는 더 높다. 내가 고른 메뉴, 내가 고른 장소, 온전히 나를 위한 한 끼. 든든히 배를 채우는 목적도 있지만, 무엇보다 이곳의 음식을 먹어야 비로소 내가 이 지역과 조금 가까워진 것 같은 기분이 든다. 낯선 도시에 건네는 첫 인사처럼, 맛있는 한 끼가 그 거리를 좁혀준다.

캠핑 작가이자 크리에이터로 활동하며 책을 쓰고, 유튜브와 인스타그램 등의 SNS를 운영하며 인플루언서로 활동하다보니 제법 많은 강의를 하게 되었다. 눈에 띄는 걸 좋아하지 않던 내가 이토록 앞에 서게 된 건, 전적으로 캠핑 덕분이다. 나에게 캠핑은 여전히 가장 자연스럽고 진솔하게 이야기할 수 있는 주제이기에. 좋아하는 것을 말하는 일, 좋아하는 공간에서 좋은 이들에게 전하는 이야기는 늘 즐겁다. 그래서 나는 오늘도 배낭을 메고, 조금 들뜨고 조금 설레는 마음으로 또 다른 도시에 닿는다.
무엇보다도 내가 전문 강사가 아니기에 부족할 수 있음을 스스로 인정하고, 지나친 욕심을 부리지 않았기에 지금까지 이 일을 계속해올 수 있었던 것 같다. '정석이 아니어도 괜찮다. 내 방식대로, 나의 초보 시절을 떠올리며 진심을 다해 캠핑에 대해 이야기하자.' 그렇게 마음을 다졌고, 그 마음을 잃지 않으려 애썼다.

캠핑이 내게 건네준 소중한 것들을, 내가 가장 잘할 수 있는 방식으로 조금 더 많은 이들에게 나누고 싶었다. 언젠가 누군가가 캠핑을 하게 된다면, 오늘의 강의를 문득 떠올리며 조용히 미소 지을 수 있길. 꼭 캠핑이 아니어도 좋다. 바쁜 일상 속에서도 스스로 숨 쉴 수 있는 '나만의 캠핑'을 찾아, 그 안에서 위로받을 수 있기를 바란다. 그런 마음을 가득 담아 매번 강의에 임한다.

진심은 결국 닿는 걸까. 강의할 때마다 높은 참여율과 따뜻한 리액션, 나이도 성별도 다른 이들이 반짝이는 눈으로 이야기를 들어주는 모습을 마주하면 늘 가슴이 벅차다. 쉬는 시간에도, 강의가 끝난 후에도 조심스레 다가와 건네는 인사와 질문들 속에 감사함이 고인다.

한 번은 도서관에서 4주 연속 프로그램으로 강의를 진행한 적이 있었다. 매주 같은 자리에서 정갈하게 노트와 펜을 꺼내 놓고, 늘 수업 시간 10분 전부터 자리하셨던 노신사분이 계셨다. 매 시간 조용히 강의를 들으시던 그 분이 마지막 수업 날, 처음으로 손을 드셨다.

"저는 질문이라기보다, 소회를 말씀드리고 싶네요. 4주 동안 정말 수고 많으셨습니다. 사실 저는 30년 전에 캠핑을 참 많이 다녔어요. 아이들 어릴 때 여기저기 데리고 다니며, 그때는 뭐 텐트 하나만 들고 무작정 떠났죠. 이젠 애들도 다 장성했고, 저도 은퇴한 지 오래인데... 다시 한 번 제대로 캠핑을 해보고 싶어서 강의를 신청했습니다. 캠핑에도 이렇게 다양한 이야기가 있고, 깊은 철학이 있는 줄은 몰랐어요. 매 시간 정말 많이 배웠습니다. 늘 건강하고, 행복하세요."

그 분의 담담한 목소리는 오래도록 마음에 남았다. 말없이 함께해주던 수강생이 마지막 순간 나누어준 진심. 그것은 누가 더 주고받았는지를 따질 수 없는 고운 에너지였다. 이렇게 함께 강의를 만들어가는 이들에게서 나는 큰 위로와 힘을 얻는다. 그러니 이 시간이 점점 좋아질 수밖에 없다. 그리고 그 좋아하는 마음이, 또 다음을 준비하게 만든다.
오늘도 감사한 마음으로 다음 강연 자료를 준비한다. 물론, 지도 어플을 켜 주변의 맛집을 살펴보는 것도 잊지 않고.

좋아하는 일을 나답게 전한다면

강의를 전문으로 하는 전문 강사는 아니지만, 지금까지 내가 걸어온 길 위에서 여러 차례 강의를 이어오고 있다. 주제는 주로 캠핑, 여행, 라이프스타일. 지금껏 펴낸 책들과도 자연스레 이어지는 이야기들이다. 내 이야기를 누군가 듣고 싶어 한다는 건, 가슴 뜨겁도록 감사한 일이다.

그중에서도 캠핑에 대한 강의를 가장 많이 하고 있다. 처음엔 사실 캠핑이라는 주제를 어떻게 강의로 풀어낼 수 있을까, 고민이 많았다. 단순한 정보나 기술 전달이 아닌 다른 방식으로 캠핑을 이야기하고 싶었다. 그러다 처음 캠핑 콘텐츠를 만들기 시작했던 그 시절을 떠올려보았다. 좋아하는 캠핑을 더 많은 이들에게 알려주고 싶었던 마음, 그저 내가 아끼는 오랜 친구같은 캠핑이란 존재의 매력을 전하고 싶었던 그 마음에서 시작됐던 일.

"내가 잘할 수 있는 방식으로 해보자."

딱딱한 이론이나 정해진 형식보다는 경험과 이야기를 나누는 형식. 그렇게 '캠핑'과 '강의'라는 다소 낯선 조합의 두 단어를 나만의 방식으로 풀어보기로 했다. 그렇게 하면 충분히 할 수 있을 것 같았다. 처음 강의를 준비하던 날이 아직도 생생하다. 강의 장소로 향하던 길, 터미널에서 허겁지겁 먹었던 김밥 한 줄, 첫 강의의 긴장감에 뜬눈으로 4시간 30분을 달렸던 그 시간. 낯설고도 설렜던 모든 순간들이 내 마음 깊은 곳에 남아 있다.

"앞으로 이런 기회가 또 오겠어?"

그때는 그렇게 생각했다. 평생 한 번뿐일지도 모른다고 생각하니 더더욱 긴장됐고, 잘하고 싶은 욕심도 컸다. 하지만 곧 마음을 다잡았다. 완벽하게 하려고 하기보다는, 나답게 하자. 나만이 들려줄 수 있는 이야기를 하자. 그걸로 충분하다고 스스로를 다독였다. 그렇게 도착한 강의장은 이미 만석이었다. 첫 강의의 긴장과 부담감은 파도처럼 밀려왔고, 도망치고 싶은 마음과 절대 도망쳐선 안 된다는 마음, 내 안의 두 자아가 치열하게 싸웠다. 결국엔 도망치지 않겠다는 마음이 이겼고, 그렇게 강의가 시작됐다.

처음엔 손에서 대본을 놓지 못하고 마치 애착인형처럼 꼭 쥔 채 시작했다. 하지만 시간이 흐르며 자연스레 대본을 내려놓고, 나의 언어로 편안하게 이야기를 이어갔다. 정면만 바라보던 시선도 점차 넓어져, 강의실 구석구석에 앉아 있는 모든 이들의 얼굴을 바라볼 수 있게 됐다. 한 사람, 한 사람. 내 이야기를 들어주는 그 고마운 눈빛들을 마음속에 오래 담아두고 싶었다.

이렇게 첫 강의를 무사히 마치고 나니, 마침내 새로운 산 하나를 넘은 듯한 기분이었다. '내가 과연 잘 해낼 수 있을까?' 스스로도 의문투성이였던 도전이었기에, 끝까지 해냈다는 사실이 그저 기특하고 대견했다. 마음속으로 나 자신을 토닥이며, 수고했다고, 잘 해냈다고 작게 속삭였다.

도망치지 않고 무사히 첫 산을 오른 덕일까. 감사하게도 그 이후로도 강의 제안은 계속해서 이어졌고, 지금까지도 다양한 곳에서 다양한 청중들을 만나고 있다. 도서관, 교육청, 공공기관, 지자체, 학교, 크고 작은 기업과 브랜드까지. 대면 강연은 물론이고, 온라인 강의로도 확장되며 그 폭이 점점 넓어졌다.

특히 코로나19로 대면 활동이 제한되던 시기부터는 온라인 강의가 활발해졌다. 덕분에 감사하게도 온라인 강의 대표 플랫폼인 클래스101에서 캠핑 주제로 최초의 강좌를 오픈하게 되었고, 비상교육의 교원 대상 원격연수원인 티스쿨에서도 캠핑 주제로 첫 강좌를 개설하게 되었다.

청중들의 눈을 바라보면서 하는 현장 강의와 카메라를 바라보며 사전 녹화를 진행하는 온라인 강의는 또 다른 느낌이다. 새로운 도전에 대한 호기심과 설렘, 그리고 '첫 발자국'이라는 책임감 등이 내 안에 번져갔다. 하지만 지금껏 그래왔듯 최선과 진심을 다해 새로운 여정을 이어나갔다. 강의 자료를 준비하고 커리큘럼을 구성하며, 대본을 쓰고 녹화와 편집, 수업 노트까지 손수 정리하며 나 스스로도 캠핑이라는 주제를 더 깊이 공부하고 탐구하는 시간이 되었다.

이제는 제법 익숙할 법도 한데, 이상하게도 강의 전날이면 여전히 마음 한편이 요동친다. 걱정 반, 설렘 반. 아무리 오래 이야기해 온 주제라도, 청중이 바뀌면 분위기도 달라지고 이야기를 풀어내는 방식도 조금씩 달라진다. 그래서 늘 새롭고, 늘 긴장된다. 이렇게 불안하고 두려울수록 자료를 더 꼼꼼히 다시 본다. 툭 치면 술술 나올 정도로, 익숙한 내용도 반복해서 점검한다. 두려움이란 준비가 부족하다는 신호일지도 모르니까. 불안한 마음이 가라앉고 평정심이 찾아올 때까지, 그저 다시 또 준비하고 또 준비한다. 그리고 강의 전마다 이렇게 스스로 되뇐다.

"나는 전문 강사가 아니야. 부족한 부분이 있다면 솔직히 인정하자. 대신 나만의 이야기를 나답게 전달하는 건 자신 있어."

결국 누구나 자신만이 들려줄 수 있는 이야기가 있다. 그 이야기는 누군가에겐 위로가 되고, 또 누군가에겐 영감이 된다. 처음엔 서툴고 떨리더라도, 내가 경험한 것들을 내가 할 수 있는 방식으로 조심스럽게 꺼내다 보면, 어느새 그 이야기는 다른 누군가에게 닿는다. 그렇게 한 사람의 마음에 단단히 남은 이야기는 또 다른 삶을 움직이는 씨앗이 되기도 한다. 그러니 아직 나만의 이야기를 꺼내보지 못한 당신이라면, 지금 마음속에만 품고 있는 그 경험을 조심스레 꺼내 보길 바란다. 완벽하지 않아도 괜찮다. 잘 정리되어 있지 않아도 좋다. 단지 '나만 할 수 있는 이야기'라는 믿음 하나만 있다면, 그것은 분명 누군가에게 닿을 수 있을 것이다. 나 역시 그랬으니까. 말을 꺼내는 순간, 당신의 이야기도 누군가에게는 시작이 될 수 있다.

자연 학교, 캠핑 선생님

초록빛 자연이 서서히 노란빛으로 물들기 시작한 가을의 어느 주말, 캠핑 강연을 위해 길을 나섰다. 그동안 강원도부터 제주도까지, 전국 방방곡곡을 다니며 캠핑 강연을 해왔지만, 이번 강연은 유독 특별하게 느껴졌다. 강의실이 아닌 야외 캠핑장에서 직접 캠핑을 하며 진행하는 강연이었고, 청중이 초등학생이라는 점도 색달랐다.

그동안 강의실 안에서 캠핑 이야기를 전할 때마다, '야외에서, 직접 캠핑을 하며 이야기 나눌 수 있다면 얼마나 좋을까'라는 아쉬움이 늘 남았다. 캠핑 강연은 아무래도 실내보다, 별빛 아래 모닥불에 둘러앉아 두런두런 이야기 나누는 분위기에서 더욱 빛나기 마련이니까. 현실적으로 쉽지 않기에 늘 마음에만 품고 있던 바람이, 이번에야말로 현실이 된 셈이었다. 게다가 이번 청중은 나의 최연소 청중들. 아이들이 이해하기 쉬운 단어로, 지루하지 않게 적절한 타이밍에 질문도 섞어가며 이야기를 구성해야 했다. 강의를 준비하며 나의 초등학생 시절을 떠올려보고, 어떤 말이 아이들에게 다정하게 다가갈 수 있을지를 곰곰이 고민했다.

행사가 열리는 곳은 강원도 인제. 공기 맑고 물 좋은 이곳에 다가갈수록, 울긋불긋 물든 단풍이 깊어가는 가을의 분위기를 물씬 풍겼다. 강의 시간보다 일찍 도착해 행사장을 둘러보고, 뚝딱뚝딱 텐트도 치고, 하룻밤 머물 사이트까지 구축해두었다. 강의 장소에 미리 가보니, 마치 숲속 요정들이 둘러앉아 이야기를 들을 것만 같은 예쁜 자리가 마련돼 있었다. 나란히 놓인 캠핑 의자들과 중간 중간 모닥불을 지필 수 있는 소담한 화로들까지. 어느새 저녁의 강연 풍경이 머릿속에 그려져, 마음은 이미 따뜻함으로 충만해졌다.

벌써 도착한 아이들은 가족들과 텐트를 설치하거나, 체험 프로그램에 참여하고 있었다. 금세 옆 텐트 아이와 친구가 되어 우르르 뛰어다니는 모습이 정겹고 신기했다. 놀라운 건, 아이들 중 어느 한 명도 휴대폰만 들여다보고 있지 않았다는 것. 나무 명패를 만들거나, 캠핑 가랜드를 꾸미고, 벌레를 관찰하거나 술래잡기를 하며 해가 저물도록 자연 속에 온전히 녹아들고 있었다. 살아 숨 쉬는 자연 속에서, 생생하게 움직이는 아이들의 '자연스러운' 모습은 그저 흐뭇하고 따뜻했다.

강의 시간이 가까워지자 오늘의 꼬마 청중들이 하나둘 의자에 모여들기 시작했다. 삼삼오오 모닥불 근처에 둘러앉거나, 엄마 품에 기대거나, 친구들과 오순도순 함께 앉아서는, 쌀쌀한 날씨에 발그레해진 볼로 기대 가득한 눈빛을 반짝이며 내 앞에 자리 잡았다.

이번 캠핑 강연의 청중은 초등학생들이었지만, 막상 마주하니 대부분은 저학년, 혹은 그보다 더 어린 아이들이었다. 초등학생이라 해도 1학년과 6학년 사이에는 큰 차이가 있고, 그 스펙트럼은 실로 다양하다. 게다가 언니, 오빠를 따라온 미취학 아이들까지 있었으니, 오늘의 청중은 예상보다 훨씬 더 앳된 얼굴들로 가득했다.

아이들의 집중력이 흐트러지지 않도록 단어는 간결하게, 강의의 리듬은 경쾌하게. 중간 중간 아이들에게 질문을 던지며 흥미를 끌어보았다. 놀랍게도, 이 꼬마 청중들은 기대 이상으로 적극적으로 반응해주었다. 손을 번쩍 들어 질문에 답하거나, 때론 묻지도 않은 엉뚱한 이야기를 자신 있게 말하거나, 흐름과 상관없는 질문을 폭탄처럼 던지기도 했다. 그 모든 순간이 웃음이 되었고, 또 따뜻한 시간이 되었다. 그중에서도 가장 기억에 남는 건, '캠핑을 왜 좋아해요?' 라는 나의 질문에 대해, 다섯 살 아이가 눈을 반짝이며 또박또박 답했던 말이었다.

"캠핑을 하면요, 행복해요. 왜냐면요, 가족이 함께할 수 있어서요!"

만약 행복을 사람으로 형상화할 수 있다면 바로 저 아이 같겠구나, 라는 생각이 들 정도로, 아이의 표정엔 행복이라는 말 그 자체가 오롯이 담겨있었다. 우리가 너무도 당연하게 여기곤 했던 감정, '행복'에 대해 이 작은 아이는 생생하게 이야기해주고 있었다. 정말이지 행복함이 가득 담긴 얼굴로 말이다. 가족과 함께한 이 순간의 추억이, 앞으로 자라가는 내내 마음 깊숙한 곳에서 자신을 따뜻하게 지켜주는 뿌리가 되어주겠지, 싶어 흐뭇했다.

때 묻지 않은 눈빛과 맑은 웃음, 그리고 세상을 새롭게 바라보는 아이들의 시선 덕분에 나 역시 많은 걸 배울 수 있었던 소중한 시간. 오늘 이 순간이 아이들 마음속 어딘가에 따뜻한 기억으로 고이 남아, 언젠가 문득 떠오를 때마다 그 시절의 햇살과 웃음, 그리고 함께했던 사람들을 따스하게 떠올릴 수 있기를. 마치 오래된 캠핑 사진을 꺼내보듯이.

엄마, 저도 꿈이 생겼어요!

바로 집으로 돌아가지 않고, 캠핑장에서 하룻밤을 보내기로 했기에 강의를 끝내고 텐트로 향했다. 저녁을 준비하고, 밤하늘을 바라보며 캠핑장을 둘러보는데 아이들과 마주칠 때마다 '캠핑 선생님, 안녕하세요!' 하고 인사를 건네온다. 어떤 아이는 졸졸 따라오더니, '선생님, 저도 캠핑 좋아해요!' 라며 용기 낸 듯 외치곤 후다닥 도망친다. 그 모습에 웃음이 절로 났다. 텐트에서 쉬고 있는데, 엄마 손을 꼬옥 잡은 여자아이가 텐트 앞으로 찾아왔다. 밤이 쌀쌀해서일까, 아니면 작은 마음으로 낸 용기가 아직 부끄러워서일까. 발그레해진 뺨과 새침한 표정으로 서 있던 아이는 말없이 내 손에 사탕을 하나 쥐어주곤, '선생님, 감사합니다!' 하고 배시시 웃었다. 짧은 순간이었지만 마음을 가득 채우는 고마운 인사였다.

캠핑과 선생님. 익숙한 두 단어가 만나 낯설고도 새로운 뭉클함이 되었다. '캠핑 선생님'이라는 말 한마디를 전하기 위해 얼마나 용기를 냈을까. 그 고운 마음이 내 마음에도 오래 남을 것 같다. 아이들의 초롱초롱한 눈빛 하나하나를 마음 깊이 담고, 그렇게 포근하게 잠이 들었다.

다음 날, 정이 들어버린 아이들과 아쉬운 인사를 나눈 뒤 우리는 캠핑장을 떠났다. 캠핑을 매개로 아이들의 마음속에 작은 씨앗을 하나씩 심고 가는 기분이었다. 그 씨앗들이 언젠가 아이들 마음속에서 어떤 새싹으로 자라고, 어떤 열매로 맺힐까. 훗날 문득 캠핑을 떠올렸을 때, 이 날의 시간들을 곱씹으며 미소 지을 수 있었으면 좋겠다.

아침은 읍내에서 해결할 생각으로 일부러 일찍 정리했다. 캠핑을 할 때 한 끼쯤은 캠핑장 인근에서 먹고 가면 동네 구경도 하고 지역 특산물도 맛볼 수 있어 좋다. 신선한 나물과 손 두부로 든든하게 식사를 마친 뒤, 길을 나서기 전 커피를 사기 위해 작은 카페에 들렀다.

"아이스 아메리카노 두 잔이요."
"어, 혹시 어제 강의하신 선생님 아니세요?"
"네, 맞아요. 아, 학부모님이시군요!"

전날 강의에는 초등학생들뿐 아니라 함께 온 학부모들도 참석했었는데, 그중 한 분이셨던 같다.

"저는 가게 때문에 먼저 나왔어요. 어제 강의 정말 잘 들었어요, 선생님!"
"그러셨구나. 강의 잘 들으셨다니 감사해요."
"저희 아이가 3학년인데요, 어제 선생님 강의 듣고는 자기가 꿈이 생겼다고 하더라구요."
"와, 정말요?"
"네. 선생님이 너무 멋있대요. 커서 꼭 선생님처럼 배낭 메고 해외로 백

패킹 가겠다네요. 아무도 같이 안 가면 혼자서라도 가겠다고 지금부터 열심히 돈을 모으겠대요. 꿈이 뭐냐고 물어보면 늘 '제가 뭐하고 싶은지 잘 모르겠어요.' 하던 아인데, 어제 처음으로 그렇게 자신의 꿈을 이야기 하더라고요. 아이에게 꿈을 심어주셔서 정말 감사해요."

그렇게 연신 감사 인사를 건네며 내 손에 쥐어준 아이스 아메리카노 두 잔. 너무 소중해서 돌아오는 길 내내 한 모금 한 모금 아껴 마셨다.
생각지도 못한 곳에서 마주한, 생각지도 못했던 따뜻한 이야기. 나의 지식과 경험을 나누어주고 싶은 마음에 시작했던 강의가, 누군가에게는 꿈이 되고 용기가 되었다는 사실이 그저 고마웠다. 아이에게 꿈을 심어주었다고 했지만, 오히려 나는 그 말 한마디에 더 큰 에너지를 받은 기분이었다. 덕분에 차 안은 피로가 아닌 감사로 가득 찼고, 우리는 각자의 세계에서 그렇게 조금씩, 그러나 분명히 앞으로 나아가고 있었다.

이제는 내 마음속에도 소중한 추억으로 자리 잡은 아이들과의 시간. 언젠가 힘들고 지칠 때, 야금야금 꺼내먹으며 미소 지을 수 있을 것만 같다.

라디오 가가

I'd sit alone and watch your light.
My only friend through teenage nights
And everything I had to know I heard it on my radio.

홀로 앉아 네 불빛을 보곤 했었지.
십대 시절 밤을 지새주던 유일한 내 친구.
내가 알아야 할 모든 것을 라디오에서 들었지.

— QUEEN \<Radio Gaga\> 중에서

좋아하는 라디오에서 흘러나오는 시그널 음악에 가슴이 두근거리고, 독서실에서 돌아와 심야 라디오를 들으며 하루를 마무리했던 때가 있었다. 소리만으로도, 음악만으로도 충분했던 시절. 디제이가 들려주는 다양한 음악들을 듣고, 전국 각지에서 보내오는 청취자들의 사연을 함께 듣고 웃고 울며, 나도 모르게 더 넓은 세상과 연결될 수 있었던 시간. 공부한다고 책상에 앉아 워크맨으로 라디오를 몰래 듣던, 라디오 키즈의 순수한 시절이었다.

어릴 적부터 라디오를 좋아했다. 그러다 중학교쯤부터는 청취자로서의 애정이 조금 더 적극적인 형태로 바뀌었다. 사연을 보내고, 종종 채택되어 선물도 받았다. 문화상품권이나 간식 쿠폰 같은 것들이었는데, 그게 얼마나 기뻤던지. 받은 상품권으로 문제집을 사고, 읽고 싶었던 책과 음반 등을 사며 어린 나름의 자립심도 길러갔다.

지금처럼 실시간 문자, 댓글로 사연을 보내는 신속함이 없던 시절. 손글씨로 엽서를 꾹꾹 눌러 쓰고, 설렘을 가득 안고 빨간 우체통에 조심스레 넣는 시간까지 모두가 라디오의 일부였다. 그래서일까. 내 책상에는 늘 작은 탁상용 라디오가 놓여 있었고, 서랍 속에는 오래된 소니 워크맨이 자리하고 있었다. 이렇게 사연을 보내는 것에서 그치지 않고, 운 좋게 청취자 참여 프로그램에 직접 출연한 적도 몇 번 있었다. 그 중 한 번은 오디션을 보고 뽑히는 방식이었는데, 당당했던 오디션 때와 달리 정작 라디오 박스 안에 들어가자마자 잔뜩 긴장을 하고 사시나무처럼 떨었다. 쿨 한 척, 괜찮은 척 했지만, 결국 어린 중학생일 뿐이었다. 그때 내 손을 조용히 잡아주며 '괜찮아.'라고 말해주던 디제이의 따스한 손길을 아직도 잊지 못한다. 그렇게 생애 첫 라디오 생방송은 우당탕탕 소동으로, 그러나 아름다운 추억으로 남았다.

모든 것이 낯설고 멋져 보였던 디제이 부스. 유리창 너머 작가와 PD가 바쁘게 손짓을 주고받고, 정해진 큐에 맞춰 음악이 흐르고, 정확한 멘트가 흘러나오는 생생한 현장. 어린 내 눈엔 그 모습이 참 어른스럽고 근사하게만 느껴졌다. 나는 그렇게 처음으로 '프로의 세계'를, 그리고 내가 좋아하는 것들이 만들어지는 현장을 조금이나마 엿보게 되었다.
이렇듯 다양한 방식으로 라디오는 내 사춘기 시절을 빈틈없이 채워주었다. 그리고 어른이 된 지금까지도 라디오는 여전히 특별한 의미로 내 곁에 머문다. 캠핑을 가거나 긴 이동 중 라디오 주파수를 맞추다 보면, 자연스레 라디오를 좋아하던 어린 내가 마음속에서 아롱아롱 피어난다.
그렇게 라디오 키즈로 자란 내가 어느덧 어른이 되어 다시 라디오 부스로 돌아왔다. 이번엔 사연을 보내는 청취자가 아니라, 캠핑 이야기를 들려주는 게스트로. 그동안 캠핑 & 여행 크리에이터로 활동하면서 여러 방송 제안을 받아왔지만, 낯선 화면 앞에 서는 건 부담스러워 늘 고사해왔다. 그런데 라디오는 달랐다. 나에게 많은 것을 알려주고 함께 자라준 라디오. 이제는 내가 받은 만큼 누군가에게 되돌려줄 시간 같았다. 생방송을 앞두고 가슴이 콩닥대던 소녀가, 이젠 자신만의 이야기를 들고 다시 돌아온 것이다. 생각만으로도 뭉클했다.

그렇게 감사하게도 SBS 파워FM <영 스트리트>에 4주간 고정 게스트로 출연하게 되었다. 원래는 단 한 번의 출연이었지만, 방송 후 반응이 좋아 한 번 더, 다음번엔 '보이는 라디오'로. 그렇게 매주 한 번씩, 어느새 4주 연속 방송에 함께하게 되었다.
디제이는 인기 아이돌 레드벨벳의 웬디 씨였다. 캠핑 이야기를 함께 나누며 마치 마음의 거리가 점점 가까워지는 기분이 들었다. 내가 캠핑에서 커피 마시는 시간을 가장 좋아한다 했더니, 다음 주 방송 일엔 웬디 씨가 자신이 애정하는 원두를 직접 사다 주었다. '언니, 캠핑 가시면 이거 꼭 드셔보세요. 제가 제일 좋아하는 원두예요.'하며. 그 다정한 마음에 고마움이 오래도록 남았다. 이후로도 소녀시대 효연 씨, 코요태의 빽가 씨 등 연예계의 열혈 캠퍼들과도 함께 게스트로 출연해 진솔하게 캠핑 경험담을 나누다 보니, 마치 한자리에 둘러앉아 랜선 캠핑을 즐기는 기분이었다.

오랜만에 돌아온 디제이 부스는 예전보다 훨씬 세련된 시스템으로 바뀌어 있었지만, 방송 중임을 알리는 빨간 'ON AIR' 불빛은 여전히 라디오 키즈였던 내 마음을 설레게 했다. 내가 좋아하는 라디오에서, 내가 좋아하는 캠핑 이야기를, 내가 잘할 수 있는 방식으로 나눌 수 있어 더욱 감사하고 행복한 시간이었다. 그뿐만이 아니었다. 방송이 나가는 내내, 택시 안에서, 버스 안에서, 캠핑장과 집 곳곳에서 따뜻한 메시지가 날아들었다.

"퇴근길 버스에서 들었는데 너무 힐링됐어요."
"캠핑장에서 다시듣기로 계속 들었어요."
"라디오에서 생활모험가님 목소리 들으니까 반가웠어요."

각자의 공간에서, 각자의 순간에 나의 이야기를 들어주는 그 마음들이 쌓여 큰 위로로 돌아왔다. 작은 디제이 부스에서 나눈 이야기들이 멀리 멀리 퍼져 나가, 누군가의 마음에 닿았다는 것을 실감하는 순간이었다. 이후에도 종종 라디오 프로그램에 초대되어 캠핑 이야기를 전하고 있다. 듣는 것만으로도 함께 캠핑하는 기분을 전하고 싶어서다. 이른바 '듣는 캠핑'. 누군가에겐 조용한 휴식이 되고, 또 누군가에겐 새로운 삶의 방식이 전해질 수 있기를 바라며, 나는 오늘도 조용히 마이크 앞에 선다.

라디오는 참 아날로그적인 매체다. 화려한 이미지 없이, 오직 소리만으로도 감정을 전하고 상상을 이끌어낸다. 눈으로는 볼 수 없어도 귀로 듣는 세상은 훨씬 넓고 깊다. 상상은 우리를 어디로든 데려다줄 수 있으니까.

재미있게도 라디오와 캠핑은 참 많이 닮았다. 조용하고 단순하며, 느리지만 깊다. 그래서인지 캠핑을 하면서 라디오를 듣는 건 아주 자연스럽다. 특히 자가발전 방식의 핸드 라디오로 주파수를 하나하나 맞춰가며 듣는 방송은, 사부작사부작 손이 바쁜 캠핑의 리듬과 꼭 닮아 있다. 물론 요즘은 어플로도 간편히 들을 수 있지만, 이상하게 캠핑장에선 여전히 그 느린 아날로그 방식이 더 잘 어울리는 것 같다. 게다가 비상시엔 랜턴으로도 활용할 수 있으니, 실용성도 더해진다. 클래식한 매력, 그리고 단순한 기술이 주는 깊은 감성이 우리가 여전히 라디오를 켜게 하는 이유이기도 하다.

오늘도 마감을 앞두고 조용히 라디오를 켜본다. '잠깐만 이것만 듣고 써야지.' 하며. 그러는 사이, 나도 모르게 사춘기 시절의 내가 겹쳐 앉는다. 라디오를 켤 때면, 언제나 그렇다.

재미있게도 라디오와 캠핑은 참 많이 닮았다.

조용하고 단순하며, 느리지만 깊다.

좋아하는 마음은, 힘이 세다

사진을 찍을 때면 부끄러워 얼굴을 가리고, 눈에 띄는 게 싫어서 무채색 옷을 즐겨 입었다. 어릴 때부터 앞에 나가 발표를 해야 할 때면 시선을 어디로 둬야 할지 몰랐고, 주목 받는 것이 부담스러웠다. 그런데 이상하게도 좋아하는 것을 이야기 할 때면 말이 청산유수처럼 술술술 흘러 나왔다. 좋아하는 책이나 텔레비전 프로그램, 연예인 등 나의 관심사를 이야기 할 때가 그랬다.

학창시절, 올림픽이나 월드컵 같은 빅 이벤트가 있을 때면 스포츠 신문의 헤드라인을 오려 교실 뒤편 게시판에 붙여두고, 기사의 중요한 부분은 형광펜으로 칠해 누구나 스윽 지나가면서도 바로 요점만 파악할 수 있도록 해두었다. 이렇게 하니 경기 결과나 일정 등이 궁금한 친구들도 쉽게 소식을 접할 수 있었다.

지금 생각해보면, 미리 기사를 읽고 형광펜으로 중요한 부분을 표시해둔 정성이 대단하다 싶다. 누가 시키지 않아도, 좋아하는 일을 할 때는 이렇게 번거로움도 마다 않고 신나게 몰두할 수 있었다. 게시판을 통해 많은 아이들과 소식을 나눌 때면 뿌듯함도 느껴지곤 했다. 휴대폰도 거의 없고, 인터넷도 많이 보급되지 않았던 시절이었기에 가능했던 아날로그 시절의 기억이다. 이렇게 얘기하니 마치 타임머신을 타고 날아온 사람처럼 느껴지지만, 아날로그와 디지털 시대의 경계에서 성장기를 보낸 이들이라면 공감할 터.

이렇듯 평소에는 부끄럼 많던 내가 좋아하는 것 앞에서는 적극적이고 능동적으로 변하는 모습이 불쑥불쑥 튀어나오곤 했다. 좋아하는 마음 하나만으로도 무척이나 용감하고 씩씩해지는 것이다. 부끄럼 많고 숫기 없던 그 시절의 소녀가 강단에 설 수 있었던 건, 바로 '좋아하는 마음'의 덕이 팔 할이리라.

내가 애정을 갖고 만든 책들과 캠핑을 이야기 할 때면 나도 모르던 적극적인 내가 불쑥불쑥 튀어 나왔다. 캠핑으로 달라진 나의 삶과 캠핑이 나에게 가르쳐준 것들을 더 많은 이들에게 나누어 주고 싶었다. 오랜 시간 캠핑을 하며 켜켜이 쌓아 온 경험치와 마음은 나눌수록 커져만 갔다.

캠핑을 이야기 할 때면, 좋아하는 것을 이야기 할 때면, 나는 세헤라자드가 되어 이야기 보따리를 술술 풀어나간다.

도서관, 작은 씨앗이 자라는 곳

어린 시절부터 도서관을 좋아했다. 책장 가득 꽂힌 책들 사이를 누비며 마음껏 책을 꺼내 읽을 수 있는 그 공간은, 나에게 놀이터이자 하나의 작은 세계였다. 책 속에는 내가 알지 못했던 삶들이 가득했고, 덕분에 나는 매일매일 책 속의 여정을 즐기는 자유로운 여행자일 수 있었다. 사락사락 종이를 넘기는 소리, 공간을 채우는 종이 냄새, 그리고 고요한 집중. 도서관은 나를 키운 공간이었다.

그래서였을까. 영화 <러브레터>의 어떤 장면은 유난히 오랫동안 마음속에 남았다. 남자 주인공 후지이 이츠키는 독서부 활동을 하며 두꺼운 책을 여러 권 대여한다. 그것도 도무지 읽을 엄두가 나지 않는 사전 같은 책들. 여주인공 역시 후지이 이츠키라는 이름을 가지고 있었는데, 그녀가 묻는다.

"너 이거 다 읽는 거야?"

그러자 그는 고개를 저으며 책 맨 뒷장의 도서카드를 꺼내 보인다. 그 안에는 그의 이름만 줄줄이 적혀 있었고, 그는 장난스럽게 외친다.

"후지이 이츠키 스트레이트!"

누군가 적어둔 이름 없이 텅 비어 있던 카드에 자신만의 이름으로 채워 나가는 나름의 놀이였던 셈이다. 지금은 도서 대여가 모두 시스템화되어 버튼 몇 번이면 손쉽게 책을 빌릴 수 있지만, 예전엔 책 마지막 장에 도서카드가 붙어 있어 대여일과 이름을 손 글씨로 남기곤 했다.

덕분에 이 책을 누가 먼저 빌려봤는지, 어떤 이들이 어떤 시기에 이 책을 읽었는지 상상해볼 수 있었다. 그 아래 조심스럽게 나의 이름을 써넣으며, 마치 이어 달리기의 다음 주자가 된 기분도 들었다. 낡고 아날로그적인 방식이었지만, 그 안에는 묘한 낭만이 깃들어 있었다. 내 이름이 처음 적히는 날이면, 마치 신대륙에 첫 발을 내딛는 탐험가처럼 설레곤 했다. 몇 장의 독서카드에 첫 줄을 써본 기억이 있는 사람으로서, 후지이 이츠키의 마음을 누구보다 이해할 수 있었다.

차분한 정적과 종이 냄새, 그리고 책 읽는 사람들로 가득한 공간. 추우나 더우나 누구나 자유롭게 들어와 책을 읽을 수 있는 곳. 도서관은 늘 그런 곳이었다. 나는 그 공간을 사랑했다. 어린 시절, 읽고 싶은 책을 마음껏 쌓아두고 하루 종일 읽을 수 있는 도서관이 참 좋았다. 사춘기 시절엔 공부를 하러 열람실을 들락거렸고, 원하던 책이 없으면 옆 동네 도서관까지 원정을 가기도 했다. 때로는 어려운 책을 끙끙대며 읽으며, 내가 얼마나 작고 모자란 존재인지 느끼기도 했다. 하지만 언제나 도서관은 너른 품으로 나를 받아주었다. 다양한 세상과 지식을 보여주며, 작은 우물에 불과했던 나의 세상을 조금씩 넓혀 주었다.

그렇게 도서관의 품 안에서 자란 아이는 어느새 자라, 도서관에서 강의를 하게 되었다. 캠핑과 여행을 기록하고 책을 만들며, 책과 인연을 이어온 덕분이었다. 전문 강사도 아닌 내가 이렇게까지 강의를 이어올 줄은 몰랐다. 조용히 뒷자리에 앉아 있길 좋아하고, 말보다는 글이 익숙했던 아이였기에 더더욱. 아마도 좋아하는 일을, 좋아하는 공간에서 이야기할 수 있었기에 가능했던 것 같다. 물론 기업이나 교육청, 다양한 기관에서도 특강을 진행하고 있지만, 도서관 강의는 유독 특별한 감정이 든다. 마치 모교에서 강의를 하는 기분. 전국 어디를 가도 도서관은 늘 푸근하고 익숙하게 다가온다. 어린 시절의 나에게 여러 세상과 지식을 보여주던 그 공간에, 이제는 내가 가진 것들을 나누기 위해 돌아오는 길. 그렇게 도서관은 내게 늘 '돌아오는 곳'이자 '다시 시작하는 곳'이다.
강원도부터 제주도까지, 전국의 다양한 도서관에서 강연을 해왔다. 처음 방문하는 공간임에도 낯설지 않은 건, 도서관 특유의 종이 내음과 정적인 분위기 덕분이었다. 어디를 가든 익숙한 공기와 공감의 결이 흘렀고, 그 안에서 마주하는 이들 역시 오랜 벗처럼 느껴지곤 했다. 책과 캠핑, 두 가지 키워드만 있다면 몇 시간이고 지치지 않고 이야기할 수 있었다. 흰 머리가 희끗한 어르신부터, 엄마 손을 꼭 붙잡고 영문도 모른 채 따라

온 서너 살 아이까지, 각자의 자리에서 초롱초롱한 눈빛으로 나의 이야기에 귀를 기울이는 모습은 언제 봐도 벅차고 감동적이다. 내가 담아 온 자연의 장면들과 캠핑의 조용한 순간들이 화면에 펼쳐질 때면, 어느새 모두가 그 속으로 빠져들고 있다는 걸 느낀다. 꼭 함께 불멍을 하며 나누는 밤의 이야기처럼.

내가 하는 강연은 단순히 캠핑 정보를 전달하는 자리가 아니다. 자연 속 하루가 우리에게 건네는 메시지, 작고 소박한 순간이 주는 위로, 그리고 도시의 일상 속에서도 잠시 멈춰 숨 쉴 수 있는 여백에 대한 이야기들이다. 그렇게 자연을 함께 걸으며 이야기 나누듯 강연을 이어가다 보면, 어느 순간 강단에 서는 일이 낯설기보다는 즐겁고 익숙해진다. 강연이 끝나고 마주한 짧은 인사, 수줍은 고백, 작은 메모 한 장. 그런 것들이 나를 다시 한 걸음 앞으로 나아가게 한다. 마치 캠핑에서 모닥불 하나를 피우듯, 누군가의 마음속에 작은 불씨 하나라도 옮겨놓을 수 있었다면, 그걸로 충분하다.

그동안 쌓아온 이야기와 경험이 누군가에겐 낯선 길을 밝히는 등불이 되었기를. 도서관이라는 공간에서, 책이라는 매개를 통해 또 다른 여정을 시작한 이들이 언젠가 자신만의 이야기를 펼쳐나가길 바라며. 오늘도 조금 느리지만 단단하게 나의 이야기를 이어간다.

제 목소리 잘 들리시나요?
(팬데믹 시대의 강의)

"안녕하세요, 제 목소리 잘 들리시나요? 화면은 잘 보이시나요?"

전체 화면엔 강의 자료가 펼쳐져 있고, 우측 작은 화면 속 얼굴들은 대부분 꺼져 있다. 간헐적으로 채팅창이 반짝이며 '잘 보입니다.', '잘 들려요' 같은 메시지들이 올라온다.

"네, 문제없으시다니 그럼 오늘 강의를 시작해보겠습니다. 혹시 강의 도중 음성이 끊기거나 화면에 문제가 생기면 채팅창에 남겨주세요."

이따금 온라인 강의에서 반복되는 익숙한 풍경이다. 강의라고 하면 대부분 강의실이나 강당 같은 공간에 사람들이 함께 모여 앉아 서로 눈을 맞추며 진행되는 모습을 떠올리곤 한다. 하지만 몇 년 전부터, 우리는 팬데믹이라는 전례 없는 시간을 지나며 '비대면'이라는 새로운 일상에 익숙해졌고, 그 변화는 강의의 형식에도 자연스럽게 스며들었다. 이제 강의는 공간을 뛰어넘고, 거리와 시간을 가볍게 건너뛰는 온라인의 얼굴을 갖게 되었다. 온라인 강의는 주로 줌(Zoom)이나 유튜브 라이브 같은 플랫폼으로 진행된다. 참가자들의 질문이 실시간 채팅창에 끊임없이 올라오고, 그 흐름을 따라가며 동시에 강의를 이어가는 일. 처음엔 이 복합적인 흐름에 적응하기가 쉽지 않았다.

특히 첫 라이브 강의의 순간은 지금 떠올려도 진땀이 흐른다. 몇 대의 카메라와 나를 향한 조명, 분주히 움직이는 스태프들. 마치 방송국에 들어선 것 같은 낯선 풍경 속에서 '실수하면 안 된다'는 압박감에 간식으로 준비된 샌드위치조차 목에 잘 넘어가지 않았다. 프롬프터에 대본이 준비되어 있었지만, 긴장된 눈엔 잘 들어오지 않았다. 오프라인 강연을 여러 번 해봤기에 비슷하리라 생각했는데, 막상 마주한 온라인 공간은 전혀 다른 세계였다. 하지만 퇴로는 없었다. 조명이 탁 켜지는 순간, 나의 <ON AIR> 스위치도 함께 켜졌다. 다행히 큰 실수 없이 강연은 흘러갔고, 후반부로 갈수록 긴장도 조금씩 풀렸다. 실시간으로 올라오는 질문에 답을 건네는 여유도 생겼다. 역시 좋아하는 것을 이야기할 때면, 마음은 자연스레 편안해지는 법이다.

그리고 생각했다. '이후로 또 이런 온라인 강의를 할 일이 있을까?' 그때만 해도 온라인 라이브 강의라는 시스템 자체가 낯설었기 때문. 이런 막연한 물음표를 안은 채 돌아섰고, 그 무렵 코로나 팬데믹이라는 낯선 시대가 도래했다. 사람들은 더 이상 한자리에 모일 수 없었고, 강의실은 거리두기와 마스크, 손소독제의 알코올 냄새로 가득했다. 띄엄띄엄 거리를 두고 앉은 사람들은 서로 교류할 수 없었고, 서먹한 분위기 속에서 나는 그저 멀찍이 떨어져 강의만 하고 돌아서야 했다.

결국 모든 강의는 온라인으로 전환되었다. 그리고 그 안에서 펼쳐지는 익숙한 장면들. 까맣게 꺼진 화면, 꺼진 마이크. 분명 누군가는 듣고 있을 텐데, 질문을 던져도 대답은 없고, 결국 나 스스로 물어보고 답하는 자문자답의 연속. 처음엔 이 어색한 정적이 꽤 낯설었지만, 점점 익숙해졌다. 인간은 참, 잘 적응하는 동물이다. 강의가 끝나면 조용했던 채팅창에 감사의 인사와 따뜻한 말들이 도착한다. 혼자인 줄 알았는데, 아니었구나. 서로의 시간 안에서 우리는 그렇게 조용히 연결되어 있었다.

처음엔 모일 수 없어 어쩔 수 없이 시작한 온라인 강의였지만, 이제는 그 안에서 나름의 의미를 찾게 된다. 운전 중에도, 육아 중에도, 아픈 몸을 이끌고 누워 있는 순간에도, 식사 중에도. 다양한 상황에서도 자유롭게 강의를 함께 할 수 있다는 점에서 온라인 강의의 순기능이 있었다. 소리만 켜두면 언제 어디서든 함께할 수 있는 이야기.

"제 목소리, 잘 들리시나요?"

그 물음은 단순한 시작 인사가 아니라, 여전히 우리가 연결되어 있다는 작고 단단한 신호다. 코로나 팬데믹이 끝나고도 간헐적으로 진행되는 온라인 강의를 통해, 우리는 또 이렇게 이어져있음을 느낀다.

문을 두드리는 용기

나는 1%의 가능성만 보여도 도전해보는 편이다. 물론 모든 걸 걸고 올인하지는 않는다. 대신, 내 마음이 움직이는 방향을 따라 다양한 가능성을 열어두려고 한다. '되면 참 좋고, 안 되도 어쩔 수 없지.' 그렇게 조심스럽게 마음의 여지를 남겨둔다.

처음부터 이렇게 쿨할 수 있었던 건 아니다. '당연히 돼야 해. 안 되면 어떡하지?' 하고 조바심을 내던 시절이 더 많았다. 그래도 마음을 단련하고, 또 단련하다 보면 조금씩 익숙해진다. 하나의 문이 열리려면 몇 번이고 노크해야 하고, 또 끊임없이 새로운 문을 찾아 나서야 하니까. 그렇게 간절한 마음으로 문을 두드려본다. 언젠가 하나쯤은 열릴 거라는 믿음으로.

회사에 다닐 때도 그랬다. 기획안이 수없이 거절당하고, 애써 준비한 제안들이 아무렇지 않게 무시되던 날들이 많았다. 처음처럼 엉엉 울진 않았지만, 마음은 여전히 아팠다. 그런 날이면 뺨을 타고 흐르는 눈물을 옷소매로 닦아내며 묵묵히 걸었다. 상처 난 마음 위에 반창고를 붙이고, 다시 길을 걷고 또 달려갔다.

회사 밖으로 나와 홀로서기를 시작하고도 비슷한 순간은 반복된다. 새로운 동료들과 일정을 조율하고, 의견을 나누며, 유튜브와 인스타그램 같은 다양한 SNS를 운영하고, 크리에이터로서 새로운 브랜드나 담당자들과 협업하기도 한다. 제안을 하기도, 받기도 하며, 함께하기도 하고 각자의 상황에 따라 불발되기도 한다. 그렇게 수많은 일들이 이어지지만, 모든 것이 내 뜻대로만 이뤄질 수는 없다. 때론 일이 엇갈리고, 기대와는 다른 결과를 마주하기도 한다.

그래도 나는 포기하지 않는다. 다시 또 두드려본다. 조심스럽고 다정하게, 그러나 내 안의 단단함도 함께 담아낸다. 욕심을 앞세우기보다는 진심을 전하고, 결과에 연연하기보다는 과정을 다독이며 나아간다. 그저 내가 할 수 있는 만큼의 최선을 다하고, 결과는 담담히 받아들이는 것. '그래, 거기까지였구나.' 그렇게 말하며 천천히 다음 문을 향해 발걸음을 옮긴다.

그럼에도 불구하고, 거절은 늘 아프다. 아예 답조차 없는 무언의 거절은 길게 이어지는 침묵만큼이나 하염없고, 또렷한 말로 전해지는 거절은 명치를 탁 치는 듯 아리고 쓰리다. '이 정도면 되겠지' 하고 기대했던 일들이 연이어 물거품이 될 때면, 마치 마음을 향해 기관총이 난사된 것처럼 너덜너덜해진다.

하지만 세상은 그렇게 말랑하지 않다. 누구나 친절하지 않고, 모든 순간이 내 마음 같을 수도 없다. 앞으로도 이런 일들은 수없이 반복될 것이기에, 나는 다시금 거절에 익숙해져야만 한다. 그건 아픔을 애써 모른 척하며 외면하겠다는 뜻이 아니다. 마치 예방주사를 맞듯, 천천히 면역을 키워가는 과정일 뿐이다.

거절이 두려워 아무것도 하지 않는 삶보다, 거절을 감내하며 나아가는 삶을 택하기로 했다. 아니, 그걸 택해야만 앞으로 나아갈 수 있다는 걸 이제는 안다. 여전히 마음이 아릴 때도 있지만, 조금씩 내성이 생기길 바라며, 두려움이 희미해지길 바라는 마음으로 문을 두드리고 또 두드린다.

'될 것 같은 일만 해야지'라고 생각하면, 정작 아무 일도 시작할 수 없어진다. 그래서 나는 언제나 마음은 '아님 말고'지만, 손끝은 오늘도 정성스럽게 움직인다. 최선을 다한 하루는 언젠가 또 다른 문을 열어줄 테니까.

말일의 무게

이제야 말일의 무게를 실감한다.

한 달의 마지막 날. 내 마음이야 어떻든 간에 하나의 달을 마무리해야 하고, 그에 맞는 결과물을 어떻게든 내놓아야 하는 날이다. 사회 초년생이던 시절, 말일은 월급날이었다. 그 사실만으로도 그날은 참 신이 났다. 꾸역꾸역 매일을 버텨내던 어떤 시기엔, 한 달의 마침표를 찍는 것이 하나의 고개를 넘는 것처럼 힘겹게 느껴졌지만, 그래도 '기어이 해냈구나.' 싶은 뿌듯함이 있었다. 그 감정의 배경에는 어김없이 입금되던 월급의 존재가 있었을 것이다.

하지만 퇴사를 하고 나서는 말일의 무게가 다르게 다가왔다. 특히 1인 출판은 책의 성과와 상관없이 꾸준히 나가야 하는 고정비가 존재한다. 책 한 권이 나오기까지, 그리고 독자의 손에 들리기까지는 생각보다 많은 이들의 손과 노력이 필요하다. 혼자 일하지만, 혼자만의 일이 아닌 것이다. 그리고 말일은 그 많은 도움의 대가를 정산하는 날이기도 하다.

그런 날이 되면 출판사 대표로서의 책임이 더욱 묵직하게 다가온다. 하물며 직원이 있는 사업체라면 그 무게는 오죽할까. 그래서 직원을 두고 회사를 운영하는 대표들을 떠올릴 때면 저절로 존경심이 생긴다. 결제일, 성과 마감일. 특히 창업 초기에는 말일이라는 단어만으로도 스스로를 압박하곤 했다. 얼른 눈에 띄는 결과를 보여주고 싶은 마음이 자꾸 조급하게 만들었다.

이리도 무거운 것이었던가, 말일이란 게.

해낸 것보다 해내지 못한 것들만 자꾸 눈에 밟히고, 그러다 보면 나 자신을 책망하거나 몰아세우기도 했다. 하지만 그런 생각은 되레 야금야금 마음을 갉아먹을 뿐이었다. 그땐 몰랐다. 나만의 속도로 해도 충분하다는 걸. 몰랐기에 그 무게를 그대로 흡수해버렸다. 주저앉아버리면 언제까지고 그 자리 그대로였다. 조금 천천히라도 걷다 보면, 최소한 제자리는 피할 수 있을 것이다.

속도 내어 뛰지 않아도 좋았다. 천천히, 조금씩이라도. 뚜벅뚜벅 걷고 또 걷고 싶었다. 그러기 위해 선택한 길이었으니까. 그렇게 걷다 보니 책이 하나둘 차곡차곡 쌓이기 시작했고, 한때 무겁고 버겁기만 했던 말일의 무게도 점차 가벼워지기 시작했다. 아마도 근력을 키우듯이 조금씩 나아지는 것일 테고, 감정의 체력을 키워가며 천천히 앞으로 나아가고 있다는 것일 테다.

근력을 키우듯이 조금씩 나아지는 것일 테고,
감정의 체력을 키워가며 천천히 앞으로 나아가고 있다는 것일 테다.

느슨하지만 길게 이어진 끈

글을 쓰고, 책을 만들고, 콘텐츠를 기획하고, 대부분의 일은 혼자서 해낸다. 자연스레 인건비나 고정비는 크지 않지만, 그렇다고 매출의 압박에서 자유로운 건 아니다. 오히려 팔리지 않을 때 느껴지는 마음의 무게는 좀처럼 말로 다 담기지 않는다. 세상 어딘가에 닿기를 바라며 내보낸 책이 고요한 메아리처럼 다시 나에게 돌아올 때면, 그 고요함 속에 왠지 모를 쓸쓸함이 번진다. 나아갔던 걸까, 아니면 그 자리에 머물렀던 걸까. 모든 결정과 판단이 나의 손끝에서 이루어지기에, 결과가 좋지 않으면 누구를 탓할 수도 없다. 그저 조용히, 스스로를 다독이는 수밖에.

사실 매출이라는 건 맞추려면 어떻게든 맞출 수도 있다. 당장 이번 달만 본다면, 할 수 있는 선택지는 분명 존재한다. 하지만 그렇게 다음 달의 결과물을 미리 당겨 써버리면, 다음 달은 시작부터 휘청거릴 수밖에 없다. 마치 한쪽 다리가 짧은 의자처럼 균형을 잃은 채 위태롭게 흔들리고, 그 흔들림은 결국 도미노처럼 다른 부분까지 영향을 미친다.

문득, 아이들의 성장이 떠오른다. 어떤 아이는 금세 걷고, 또 어떤 아이는 말을 먼저 뗀다. 조금 늦게 걷고, 조금 늦게 말한다고 해서 그 아이가 부족하거나 잘못된 것은 아니다. 단지, 각자의 속도가 다를 뿐이다.

책도 그렇다. 하루에도 수십, 수백 권의 책들이 쏟아지지만, 모든 책이 동시에 사랑받을 수는 없다. 어떤 책은 출간과 동시에 주목을 받고 또 어떤 책은 시간이 흘러 조용히 사랑받기도 한다. 물론 어떤 책들은 끝내 빛을 보지 못한 채 조용히 서가에 머물다 사라지기도 하지만.
다만, 우리가 만든 책이 조금 더 많은 사람들에게 발견되기를. 너무 빠르지 않아도 괜찮으니, 조금씩이라도 사랑받기를 바랄 뿐이다. 그래서 오늘도 다정한 마음으로, 사부작사부작 책을 알려나간다. 어딘가에서 누군가가 이 책을 만나주기를 바라면서.

홀로 일하다 보면, 종종 나 자신에게 묻게 된다. 나는 작가인가? 마케터인가? 편집자인가? 출판사 대표인가, 아니면 유튜버인가?
결국 나는, 창작자였다. 어느 하나의 역할에 머무르지 않고, 세상에 없던 무언가를 만들어내는 사람. 그게 글이든, 책이든, 기획이든, 아이디어든. 창작자에게 중요한 건 오래, 꾸준히 가는 힘이다. 이번 달의 마감을 위해 에너지를 다 소진해버리면, 그 후폭풍은 다음 달, 그다음 달까지 도미노처럼 이어진다. 무너지지 않기 위해서 억지로 나를 몰아붙이기보다는, 가능한 한 느슨한 시간을 스스로에게 허락하려 한다. 좋아하는 일을, 좋아하는 순간에, 기꺼이 잘 해내기 위해. 그리고 그 일을 좋아하는 마음과 앞으로 나아갈 에너지를 잃지 않기 위해서 말이다.
어차피 인생은 촘촘히 계획한다고 해서 그 계획대로만 흘러가는 법이 없다. 그러니 작은 실수쯤은 해도 괜찮다고, 치명적인 게 아니라면 '그럴 수도 있지' 하며 스스로에게 너그러워지기로 했다. 숨이 가빠 달리기가 힘들다면 잠시 걸어도 괜찮다. 계속해서 달리기만 하다 넘어진다면, 다시는 일어날 수 없을지도 모르니까.

빠르진 않아도 정확한 방향으로 뚜벅뚜벅 나아가는, 느슨하지만 길게 이어진 끈이 되려고 한다. 늘어질 순 있지만 결코 끊어지진 않는, 그런 단단하고 길게 이어진 끈이. 그 끈이 언젠가 누군가에게 건너가는 다리가 될 수 있기를. 나의 작은 리듬이 다른 누군가의 숨이 되어 닿을 수 있기를. 그렇게 나는 오늘도 나의 속도로, 조용히 걸음을 이어간다.

에필로그

그럴 때가 있다. 마음이 좀처럼 가라앉지 않고 붕붕 뜨는 날들. 이상하게도 그런 때는 언제나 큰 마감이나 프로젝트를 앞두고 있을 때다. 잘할 수 있을까, 잘하고 싶다, 잘 해내고 싶다. 그런 마음들이 채 시작도 하기 전에 머릿속을 장악하고, 마음을 둥둥 떠다니게 만든다. 그동안의 경험상, 그 부담이 글 속까지 스며들면 잔뜩 기름 낀 문장처럼 어딘가 흐리고 무겁다는 걸 안다. 그래서 그럴 때면 되레 아무 생각 없이 할 수 있는 일들을 한다. 공연히 동네를 산책하듯 배회하고, 평소 같으면 돌아섰을 골목도 하염없이 걸어본다. 발길이 이끄는 대로.

나의 경우엔 피클을 담그거나 카레를 만든다. 단순하지만 시간을 들여 정성껏 해야만 하는 일들. 묵묵히 반복되는 과정 속에서 생각이 조금씩 정리된다. 미뤄두었던 행주를 삶고, 그릇을 정리하며 괜스레 흐트러진 마음까지도 정돈하는 기분. 시험 전날 책상 정리가 그렇게 재미있던 것처럼, 이 시간들이 생각보다 소중하게 느껴진다. '지금 이 시간이 필요했구나.' 하고 문득 깨닫는다. 어쩌면 지금의 나를 위해 오래 전부터 남겨두었던 시간일지도 모른다.

이렇게 단순한 일들까지 마치고 나면, 결국 도망칠 수 없다. 남은 건 하나. 그냥 부딪히는 것뿐이다. 마감이건, 프로젝트건, 뛰어내리듯 시작할 수밖에. 그동안 수없이 반복해 온 이 시작의 전조들. 매번 두렵고 조심스럽지만, 지나고 보면 늘 그랬다. 얼얼하고 아려도 결국 해냈고, 그렇게 조금 더 자랐다. 이번에도 마찬가지겠지. 이번에도 또 해내겠지. 피클은 다 만들었고, 아직 카레까지 가진 않았다. 왠지 이번엔 조금 더 빨리 시작할 수 있을 것 같다. 아니면, 지난번보다 내가 한 뼘 더 자란 덕일지도 모르겠다.

한 번 해봤으면 다음에도 또 할 수 있다. 예쁘게 매지 않아도 괜찮다. 성글게라도 다시 묶어보면 된다. 완벽하지 않아도 된다. 잘 하려 하기 보단, 그냥 해보자. 힘을 조금 빼고, 마음은 좀 더 열고.
어쩌면 가장 중요한 건, 계속 해보는 마음 아닐까. 멈추지 않고, 주저하지 않고, 지금의 나로서 최선을 다해보는 것. 빠르지 않아도 괜찮고, 잠시 멈춰도 괜찮다. 그렇게 한 걸음씩 내디딜 때마다 우리는 결국 앞으로 나아간다. 조금 아프고, 다소 두려운 이 과정도 분명 우리를 더 단단하게 만들어줄 테니까.

그러니 오늘도, 한 번 더 시작해보자. 지금, 여기서.
이번엔 당신의 이야기가 시작될 차례니까.

sorosoro

소로소로는 '작은 길'과 '천천히' 라는 뜻을 품고 있으며, 빠르진 않아도 정확한 방향으로 걸어 나가겠다는 생활모험가의 철학이 담겨 있습니다. 많은 책을 만들기 보다는 한 권, 한 권에 정성을 들여 많은 독자들과 나누고 싶습니다.

콘텐츠로도 먹고 삽니다

발 행 일	2025년 6월 23일
지 은 이	생활모험가
발 행 인	이수현
발 행 처	소로소로
출 판 등 록	제25100-2017-000085호
전 화	0505-338-0523
이 메 일	sorosoro.slow@gmail.com
인스타그램	@sorosoro_slow
디 자 인	유니꼬디자인(gdunikko@naver.com)

ⓒ생활모험가 2025
ISBN 979-11-91352-11-5 (03810)

· 이 책은 저작권법에 따라 보호를 받는 저작물이므로 무단 전재와 무단 복제를 금합니다.
· 이 책의 전부 또는 일부를 이용하려면 반드시 저작권자와 소로소로의 서면 동의를 받아야 합니다.
· 파본은 구입하신 곳에서 바꾸어드립니다.